# 시간을 훔치는 쪽문

서정원 신작시집

## 시인의 말

―

첫 시집 『불놀이』 발간 후 십 년 만에
두 번째 시집을 문단에 내놓습니다.
시간은 쌓이고 그동안 일어난 사연 중에서
가족사인 아내의 병상 일기와
태평양 건너간 핏줄 생각을 시로 옮길 적마다
울컥하여 그리움이 밀려오고,
술잔에 눈물을 떨군 밤, 한두 번이 아닙니다.

개포동 젊은 시절을 마감하고
김포공항 활주로 언저리에 둥지 틀어
독거노인 삶 속에서 나를 흔들고 간
작은 물결들 하나씩 불러봅니다.

시인의 길 동행하며 지도해 주신
안재찬 선생님께 꾸벅 절 올립니다.


2025년 2월
**서정원**

서정원 신작시집 **/ 시간을 훔치는 쪽문**

**시인의 말**

**제1부**

| | | | |
|---|---|---|---|
| 습설 포고령 | 10 | 귀틀집 | 24 |
| 해변의 노래방 | 11 | 봄처녀 | 25 |
| 회 | 12 | 소나무 | 26 |
| 어떤 목숨 | 13 | 방울토마토 | 27 |
| 물 | 14 | 민들레 | 28 |
| 홍시 | 16 | 붉다, 동백나무 | 29 |
| 한밤중 | 17 | 목련화 | 30 |
| 수갑을 찬 마니산 | 18 | 계양산 | 31 |
| 청계산 | 19 | 모란 | 32 |
| 산 아닌 산 | 20 | 마니산 등정기 | 34 |
| 바위산 3봉 | 21 | 도시 비둘기 | 36 |
| 시화호 | 22 | 꽃술 벙글다 | 37 |
| 빈 들판에 홀로 | 23 | | |

## 제2부

| | | | | |
|---|---|---|---|---|
| 불과 물의 한마당 | 40 | 묵정밭과 개망초 | 55 |
| 물오른 울음 | 42 | 목숨 2 | 56 |
| 송화시장 | 43 | 낙지 | 57 |
| 철마 | 44 | 억만금보다 연인을 | 58 |
| 언제쯤 건배의 잔 | 45 | 화양년화花樣年華 | 60 |
| 풍요와 그늘 | 46 | 해산의 고통 | 62 |
| 전등사에 마음 둔 하루 | 48 | 한지 | 63 |
| 장애인의 날 | 49 | 창밖 너머 다음 세상 | 64 |
| 시간의 쪽문 | 50 | data smog | 65 |
| 한밤중 칼춤에 먹구름 | 51 | 내 손안에 신이 | 66 |
| 부정 청탁금지법 | 52 | 돌솟대 | 68 |
| 뱃길 | 53 | 양산과 엉덩이 | 69 |
| 바람난 구두 | 54 | | |

## 제3부

| | | | |
|---|---|---|---|
| 탄도 바닷길 | 72 | 소나기 생각 | 86 |
| 팔팔 이야기 | 73 | 9월 장맛비 | 87 |
| 하루 관광 | 74 | 멧비둘기 | 88 |
| 한세월 불야성 지고 | 76 | 월매와 쪽잠 | 89 |
| 쉼터 | 77 | 별리 | 90 |
| 아리수 | 78 | 반쪽 | 91 |
| EVENT | 79 | 세 번째 별리 | 92 |
| 물섬과 불섬 | 80 | 병상 일기 | 94 |
| 새싹 | 82 | 간병일지 | 96 |
| 동안거 | 83 | 맛집 순례 | 98 |
| 화전花煎 | 84 | 학동學童 아닌 연인처럼 | 100 |
| 쪽배 | 85 | 밤하늘 새 되어 | 102 |

## 제4부

| | | | |
|---|---|---|---|
| 평화의 합창 | 106 | 삼전도비 | 122 |
| 한방에 살길 열려 | 107 | 바위 | 124 |
| 한민족 | 108 | 객창 | 125 |
| 새해 | 109 | 허수아비 | 126 |
| 리비교 | 110 | 안경 | 127 |
| 역사의 필름 | 111 | 판잣집 | 128 |
| 한강 2 | 112 | 실미도에서 | 130 |
| 장단군 | 114 | 동구능 언저리 | 132 |
| 장승의 여로 | 115 | 장터목 별밭 이고 | 133 |
| 세월은 짧고 | 116 | 폐가 | 134 |
| 서희徐熙 | 118 | 꿈에 본 전대 | 135 |
| 서초동 젖은 눈시울 | 120 | 흔적 | 136 |
| 비석 | 121 | 동창 | 137 |

**제5부**

| | | | |
|---|---|---|---|
| 며느리 방망이 | 140 | 호루라기 | 154 |
| 무섬마을 | 141 | 호로고루 | 155 |
| 백석포 | 142 | 산수 고개와 일곱 살 | 156 |
| 새벽 김포공항 | 143 | 향수 | 157 |
| 섣달 그믐밤 | 144 | 매실과 출가 | 158 |
| 장터와 집터 | 145 | 조선족 그리고 감자꽃 | 159 |
| 저승사자와 한판 | 146 | 남산에서 추억이 피어나다 | 160 |
| 초가집 | 148 | 잿밥 | 162 |
| 춤추는 지게 | 149 | 쌀밥나무 | 163 |
| 평택 기차역 | 150 | 실랑이 | 164 |
| 학창 시절 | 151 | 어린 시절 | 166 |
| 할머니 찾아 | 152 | 마침표 | 168 |

**평설**
지적 감성으로 빚어내는 서정의 가락　　**안재찬**(시인·한국문인협회 편집위원)　170

**제1부**

습설 포고령
해변의 노래방
회
어떤 목숨
물
홍시
한밤중
수갑을 찬 마니산
청계산
산 아닌 산
바위산 3봉
시화호
빈 들판에 홀로
귀틀집
봄처녀
소나무
방울토마토
민들레
붉다, 동백나무
목련화
계양산
모란
마니산 등정기
도시 비둘기
꽃술 벙글다

## 습설 포고령

이슥한 밤
하늘 동편에서
아무런 기별 없이
누리엔 눈폭탄 눈대포
잠든 가축집을 무너뜨리고
세상을 홀랑 뒤집어놓은 습설
무게 못 견딘 비닐하우스 곡소리
동장군 갈기 휘날린 칼눈으로
온몸 떨게 한 비상 포고령
가슴속에 내리는 안개
시는 움트고 신은
격노하는가

# 해변의 노래방

바다가 봄바람이 났나 보다
겨우내 움츠렸던 바다
보일 듯 말 듯 빗줄기에
몸을 적시며
바다는 각본을 쓴다
밀물에도 살아남은
금빛 모래사장 위에
추운 날 못다 한 우산 속 연인들은
둘이서 하나로 말없이 걸어가고
괭이갈매기는 젊음을 물끄러미 바라본다
봄바람 난 풋내기 시인은
마이크 잡고
옛 시인의 노래를 소리치고
바다는 어깨를 들썩이고

# 회

바다 한 조각
살점을 뭉텅 떼어내
저울에 올린다
祭臺에서 달아난
옆구리 텅 빈 반쪽이
고향을 잃어버리고
시멘트 바다 속에서
물질을 한다
사람들 입을 위해 몸을 동강 내는
바다의 길 하나
수산시장 곳곳
반쪽*들이
촛불을 들고 있다
'빨리 목을 자르라'

\* 방어

## 어떤 목숨

동그란 한쪽 눈이 인사를 한다
산자락 홀로 앉아 참선 중이다
잎새의 떠나는 소리 귀담아들으며
떠도는 구름 한 조각 바라보며
참선 중이다
안개 강 너머로 들려오는 길손들 발자국 소리
만추가 펼쳐놓은 산자락에 홀로 앉아
얼마를 더 살아야
두 눈을 마저 감을 수 있을까
얼마나 더 바람을 견뎌야
대지의 품속으로 갈 수 있을까

# 물

바다 속
긴 침묵이 지나가고
양수에 쌓인 생명의 씨
하늘의 물길이 열리곤
울음소리 들렸다

순례자의 멍에 걸머진
$H_2O$ 속살
바다 구름 비 강 호수
자연의 순환 속에 시작된
너의 위대한 여정
낮은 곳 찾아 나선
구도의 나그네길
온 누리 구석구석 빈 곳 찾아
흐르는 꿀물로 낙원 키운다

갈라지며 부딪히며
메마르고 타는 가슴 찾아
들판 가로질러
씻어내고 끌어안고 다독이며
영원을 간다

피고름이 흐르는 썩은 물 만나도
씻어내고 끌어안고 다독이며
눈물 흘린다

태고의 신비가 살아있는
생명의 고향 한 바다 향해
밤을 낮 삼아
먼 길을 간다

# 홍시

텅 빈 가을
찬바람 오고 가는 가지 사이

불그스레한 얼굴
누굴 기다리나

주린 까치 가족 찾아올 날
기다리며 홍시 하나
불을 밝히고 있다

젖가슴 내어주며
불러주던 어머니의 자장가 소리
들려온다

# 한밤중

동장군 서슬 퍼렇던 밤
베란다 창문마다 내려앉은 얼음꽃
골방 갇힌 화분 꽃들 머리마다
성에꽃 만발
겨울이 내려앉았다

마루에 자리 펴자
온기를 입어
밤새 녹아내린 성에꽃
창문 너머 찾아온 달님과
환희의 춤을 춘다
노랫소리 휘파람 소리
봄으로 꿈길 하나
벽을 타고 흐른다

# 수갑을 찬 마니산

후줄근한 날씨 속 폭우를 한반도에 쏟아붓던 날도 지나고
역사의 흔적이 서리서리 쌓여있는
단기 4357년
강화도 마니산
환인의 아들 환웅과 마늘 먹고 여인이 된 웅녀의 핏줄이 된
그 윗대 어른들을 찾아뵈려
참성단에 올라
푸른 하늘 저 어딘가에 살고 계신 환인 하느님을 향하여
무릎 꿇고 큰절을 올렸다
단군 세 아들이 축성하였다는 참성단 곳곳에
옛 어른들 모습과 웃음소리가 귓불에 내린다
나도 언젠가는 저 모습대로 내 얼굴 보일 날이 있겠지
잠시 헤어진 북녘의 동포도 이곳에 와서
고개 숙여 절을 하겠지
가파른 길 오후 4시 5분 전 관리인의 특별배려로
참성단 입장과 사진 촬영을 하고
숨가쁘게 시간을 차압해 가는 자물쇠
철커덕 소리가 고요를 깨고 산을 울린다
수갑을 찬 마니산
뒤로하는 내 동공은 커다래지고

# 청계산

망경대* 높이 받든
이수봉 매봉 옥녀봉
긴긴날 손잡고 살아온 육(肉)산
강남구민 안식처
사랑의 온기 서린 발자국 찾아
청숫골 글쟁이들
아직 쓸 만한 몸인가로 내닫는 발걸음
쌍지팡이에 몸 얹어 한사코 등성이를 올라가는 발길
원터골에 닿은
성치 않은 다리로 엄두 낼 수 없는 용기와 끈기
골내 소나무들 일제히 거수경례 보낸다
갑남을녀 내닫는 싱싱한 발걸음에
혈기 넘치는 얼굴 웃음 그득하다
함께한 하루의 인연
저문 시간 저어되어 손수건 흔드는 청계산
옥녀봉 정기 받아 꿀잠에 빠진
하룻날 서정


\* 청계산 주봉으로 고려 충신 조견이 개경을 바라보고 통곡하던 장소
　이성계에게 충성한 조선 개국공신 조준의 동생

# 산 아닌 산
 - 하늘공원

억새와 갈대가 바다를 이루고
두 손 마주 잡고 볼을 부비고 있는
사이사이 길목마다
추억을 사진기에 담는 도심의 웃음소리
높다란 풍력발전기
하늘 바람길 따라 돌아가고
익어가는 가을 내음 찾는 10월의 인파 너머로
한 귀퉁이 뿌리내린 울긋불긋 코스모스 군락지
된바람에도 꺾일 줄 모른다
꿈 많은 연분홍 소녀 춤사위에
억새와 갈대들 우수수 소리 내어
장단을 맞추고
70년대 쓰레기로 쌓아 올려진 산 아닌 산
희망의 오아시스로 새 세상 천년을 꿈꾸는
하늘공원

## 바위산 3봉
― 북한산

만경봉 백운봉 인수봉
만년 함묵의 성자
오직 묵언 하나로
희로애락 잠재우고 늘 그 자리 잠들어 있다

병자년 호란에 끌려가던 날
들려오던 노 대신의 신음 같은 시 한 줄*
가노라 삼각산아
다시 보자 한강수야
바람결에 실려 귓가에 부서진다

노을 떠난 자리 어둠이 찾아오면
내일의 山客 얼굴 하나하나 그려보고
은하수와 눈맞추며 만만년 젊음으로
꿈길을 간다

\* 북한산을 삼각산으로 부르기도 함
\* 조선 인조 청나라로 끌려가던 김상헌 詩

# 시화호
― 안산갈대습지공원


자본의 힘이
바다를 둘로 갈라놓았다
한쪽은 호수가 되고 한쪽은 바다로 남았다
하루 두 번 밀물 썰물 수위 차 이용하여
전기 생산하는 세계 최대의 조력발전소
안산시 단원구 대부황금로 1927
밤을 잊은 채 경기도민을 불 밝히는 50만kw

시화호 한켠 흘러드는 지천*
역한 냄새 뿜던 폐수 빨아들여
깨끗한 물 만드는**
갈대 억새밭이 끝 간 데를 모른 채
바닷바람에 춤을 추고
둘레길로 청춘의 발길 분주하다


\* 반월천 동화천 삼화천
\*\* 자연정화 하수종말처리장

# 빈 들판에 홀로
- 관곡지

홍련 백련 다 떠나보낸 들판
겹겹이 쌓인 진초록 잎새만 춤을 추고
머리 위 거니는 파란 하늘
폭염 경보 속에도 흔들리지 않고
살아남은 수련
오백 년 넘도록 지켜온 사숙제* 향기
지금도 목숨줄 이어가는
관곡지** 연밭에 내려앉은 바람결 일렁이고
옛 선비 하나 도포 자락 날리며
뒷짐지고 걷고 있다
저 멀리 눈짓하는 백련 한 송이
열두 폭 치마 두른 화선지 위
9월의 여인 몸짓이 처연하다

* 강희맹 선생의 호
** 조선 전기 문신 강희맹이 명나라에서 연꽃 씨 들여와
   시흥에 처음 재배한 곳

# 귀틀집

천 미터 산비탈에
문패도 없는 집
어둠이 깊어가면
들창 너머 들려오는
별들의 속삭임
짝을 찾는 들짐승 울음소리에
진시황 못다 한 꿈을 찾아
흘린 땀방울 내음
꿈길에 만난 길 떠난 옛님과
만리장성 쌓는 밤
창문에 키질하는 솔가지
온밤을 지새운다

## 봄처녀

봄으로 가는 입춘 길목에
긴 목 올려 두리번거려도
봄처녀 보이지 않고
영하 십 도의 동장군
눈을 부릅뜨고 막아섰어도
제주도 백매화 홍매화 꽃봉오리
눈 속에 겨울잠 깨어나
터트리는 고절의 향기 소식
바람결에 실려 온다

2월의 폭설 흩날려도
시냇가 버들강아지
생명수 한 모금으로 목을 축이고
부모의 고향에서 부르는 봄 노래
아련히 들려오고
잠들었던 대지 가슴은
봉긋이 부풀고

# 소나무


그리움 가슴에 품고
오늘도 솔 향기 풍기며
우두커니 서 있는 나무
어느 날 너의 살던 고향에서
이곳으로 뽑혀 먼 길 이사와
맨땅에 억지로 파묻히고
막대로 붙들어 매어져
밤낮으로 맵고 찌든 바람과 햇빛
마시고 삼켜
고운 머릿결 싱싱한 빛 잃어가고
듬성듬성 빠진 머리 노을빛에 젖는다
너희 살던 고향 땅
밤이면 무수한 별들 내려와 같이 노닐던
그 푸르던 시절 못 잊어
오늘도 길가 우두커니 서서
고개를 떨구고
푸르름 잊지 마라 잃지 마라
한소리 또 하고 또 하며 하루해를 보낸다

## 방울토마토


5월 어느 날
흙 가리 한 손바닥만 한 화분에
씨를 뿌린다
여름 지나 가을이 무르익어도
초록 잎새만 겨우 얼굴 내밀어
물주기 할 때마다 한마디 건넨다

'열매는 언제 나오냐'
귀가 근지러워진 방울토마토
추분 지나 서리 내린다는 상강에서야
앵두 같은 빠알간 입술을 내밀었다
가녀린 생명에도 귀가 있나 보다

# 민들레

논두렁 밭두렁
길가 보도블록 틈새
어디서나 둥지를 틀고 산다

눈길 주지 않는 땅에서 피어나
설움 많은 삶이지만
언제나 뜨거운 가슴으로
밟히고 으깨져도
다시 일어나
새 생명 품어 안고
산화하는

절망의 자리에서도
희망을 피워내는 꽃
민초의 길 하나

내 가슴에도
민들레 한 송이 피워내고 싶다

## 붉다, 동백나무

봄이 가고 여름이 가고 가을도 가고
목놓아 울다가
어느새 봄날은 다가와
기지개를 편 말랑한 땅 한줌 햇볕 받아먹고
토실토실 뿌리를 살찌운
베란다 둥지 튼 동백나무
코로나에 갇혀 생기를 잃어버린 공항의 날개들도
동백꽃 봄소식에 날아오른다
움트는 베란다 속 저 동백꽃
요양원에서 날아올 동백꽃 소식
붉다

# 목련화

꽃 중의 꽃
며칠 밤 섬섬옥수로 한 뜸 한 뜸 공글려
연두색 화판 위에 학 둥지 되었다가
밤새 고운 몸매 다듬어
함박웃음 지어 보이는

흐드러지게 흩날리는 벚꽃 사이로
순결을 불태우고
고개를 떨구는 짧은 삶 속

세상을 밝히다 떠나는
성녀 같은 너

# 계양산

빨간 보안등 껌벅이며
우뚝 선 obs 중계탑

뭉게구름 사이 불빛 타고
밤하늘의 트럼펫 소리
누리에 퍼뜨린다

복사꽃 넘실대던 산자락 소사벌 대장동*에
들려오는 금싸라기 소식에도

언제나 그 자리
귀 막은 채 하늘길** 붕새 날갯짓 바라보며
하루해를 보낸다

\* 부천시 대장동
\*\* 김포공항

# 모란

섬섬옥수로
달빛과 한데 얼려
한뜸 한뜸 수놓은
고운 몸매
봄밤 지새우며 화판 위에
수줍게 웃음 짓네

귀티가 마름질한
맑고 고운 몸짓
비바람 맞서 순결을 다 태우고
고개를 떨구는 한 떨기 聖女

향기는 없어
벌과 나비 날아오지 않아도
부귀의 상징 百花*의 여왕 되었네

수놓은 병풍 위에 학 둥지 날갯짓
선비화가**손끝에 석모란*** 춤을 추고

큰 모란 병풍 속 선덕여왕 웃음꽃 피었네

\* 백화왕 : 下黃私記나 北山集, 동양인 사이 부귀의 상징
\*\* 朝鮮祖末 선비화가 허소치(許維의호 小癡) 유명(허균의 후손)
산수화에 특히 능했다(전라도 진도 雲林山房에서).
후손으로 손자 남농 방계 許百鍊
\*\*\* 석모란 : 怪石과 같이 그린 수묵화, 채색화

# 마니산 등정기


강화행 버스에 몸을 싣고 한 시간
'오늘을 사랑하자' 구호를 외치며 발끝에 힘을 모은다
하늘을 가린 나무 잎새들이 아스팔트 길 터널 끝나는 곳에
대한예수교 장로회 교회가 있어 머리가 어지럽다
돌길 따라 오르니
만신을 모시고 굿판을 벌여온 평평한 계단 위
움막 같은 집에서 한 여인이 나타나
갈길 잊은 나그네에게
저 소나무 밑으로 가라고 친절히 알려준다
곰이 여자로 둔갑한 듯하다

숨어있던 숲길 끝 마의 계단길이 입을 열고 있다
계단 너머 또 계단 숨 고르기 한참에
자물쇠가 달린 문을 지나 참성단 제단 앞에 엎드렸다

천하의 요새지인 강화도 산하가 한눈에 들어온다
백두산과 한라산 딱 중간인 이곳에서
하늘에 제사 지내려 472m 깎아 지른 봉우리 꼭대기 위에
돌을 날라 하늘과 땅을 상징하는 제단을 쌓으며
얼마나 많은 땀을 흘렸을까
한반도 영욕의 역사를 품고 있는 이 섬에

하늘과 땅을 상징하는 둥근 하원단과 네모반듯한
돌로 쌓은 상방단의
제단을 쌓고 하늘에 고했다
단군개국 신화의 雨師와 雲師도 강화도의 마니산
옛 지명과 닮아 있어 단군이 하늘에 제사 지내려
한 뜻을 짐작케 한다
일제 강점기 단군을 숭배하는 대종교가 만주에서
교세를 떨쳐 독립군 모태가 되고
해방 후 나라에서 10월 3일
단군개국 개천절로 기념하고 있다

오후 4시
자물쇠로 참성단 출입구 문을 잠그는 손길에
내 눈동자는 커다래진다

# 도시 비둘기

양지바른 곳 모여 모이를 먹는다
등짝 날갯죽지 깃털 다 빠지고
피골이 상접한 저 몸들
이제 너는 평화가 아니다
서울시 유해조류로 낙인찍혀
둥지를 떠나야 한다
온갖 유해물질에 중독된
대도시 비둘기들
온몸 불치의 환자 되어
현미경 눈으로
찌꺼기 먹이를 찾아 도회를 헤매는
고단한 삶
차도를 넘나들며 곡예를 펼치는
저 발그레한 가녀린 발가락

## 꽃술 벙글다

목련화 하나 둘 피어나
꽃잎에 볼을 부비는 봄 햇살
라일락 꽃술 벙글고
잊혀진 향기 뜨락을 채우면
몰래 간직한 추억
젊음으로 다시 태어나고
밤은 짙어지는데
달빛은 어쩌자고 저리 밝아
이 마음 흔들어 놓는가

## 제2부

불과 물의 한마당
물오른 울음
송화시장
철마
언제쯤 건배의 잔
풍요와 그늘
전등사에 마음 둔 하루
장애인의 날
시간의 쪽문
한밤중 칼춤에 먹구름
부정 청탁금지법
뱃길
바람난 구두
묵정밭과 개망초
목숨 2
낙지
억만금보다 연인을
화양년화花樣年華
해산의 고통
한지
창밖 너머 다음 세상
data smog
내 손안에 신이
돌솟대
양산과 엉덩이

## 불과 물의 한마당

2024년 12월 3일 오후 10시 23분
불火의 요일이 저물던 그때
얼근히 취한 불가사리 입에서
비상계엄 포고문 1호가 화면에서
불을 뿜어내고 있다

다 잡아들여
끌어내

군홧발이 여의도 전당을 습격하는 밤
정신을 놓은 권력의 입
밤을 입은 낯선 말이 오고 간밤
어느새 날은 바뀌고
불은 물을 이길 수 없다

한바탕 전운이 걷히고
무장병은 평상으로 돌아갔다
하늘은 불과 물의 싸움을 지켜보며
'기후변화로 지구가 미쳐가나 보다'
어떻게 생각하느냐 고

살다가 살다가, 에이 모르겠다

# 물오른 울음
- 오월의 애가


물오른 한 송이 풀꽃
대지를 풋풋한 향기로 채우지만
고뇌를 걷는 젊음이
햇살 속에 목놓아 운다

그때 어디선가 날아든 돌덩이
난데없이 가슴 한켠 두들길 때

정기 어린 고을 어둠으로 덮히던
44년 전
총성으로 목숨 거두어 가고
살아남은 자들 군데군데 모여
먼 길 떠난 그대들 앞에 하늘도 울음을 섞고

겉 다르고 속 다른 민의의 사람들
너도나도 눈치싸움으로
영령들 눈살을 흐리우는 망월동 언덕

빛고을에 벙글은 개망초꽃 꽃술에
오롯이 아침이슬 비친다

## 송화시장

눈보라 불어오는 저잣길
소한 대한 칼바람에도
바람막이 하나 없이
겨울나무 닮은 할머니 둘
산나물 밭나물 들나물
사이좋게 앉혀놓고
아낙네 손에 바리바리 얹어주는 주름진 세월
전대 앞치마 온몸 단단히 묶은
겨울의 전사
오늘도 한뼘 땅에서 끼니 때울 양식을 낚는다
시장 한 모퉁이 돌부처 둘

# 철마
- 월정역


시린 가슴 부여안고 잠들어 있다
소쩍새 울음소리 들려오던
옥 같은 물 졸졸 흐르는 그리운 풍경
밤이면 달님 별님 어울려 뛰놀던 생명의 땅
인적은 어데 가고
역사 한켠 '철마는 달리고 싶다' 팻말만
고독으로 서 있다
금강산 거쳐 원산 함흥 청진 라진
시베리아횡단철도로
내일을 꿈꾸며 녹슬고 구겨진 몸 바라보는
달빛에 젖은 나그네
먼 기적 소리에 귀를 세운다

## 언제쯤 건배의 잔


가을비 뚫고 달리는 부천행 버스
김포공항 남쪽 철조망 울타리 위로
점보여객기 한대가 착륙한다

버스는 서울 경계선을 벗어나
변두리 상가들 열병하듯 달려가지만
불빛도 사람의 그림자도 희미하다
부천역 언저리엔
불빛이 춤을 추는 딴 세상
식당은 북적거리고
긴긴 자동차 행렬과 사람의 물결이 넘실댄다

지난해 문 닫은 자영업자 백만이라고
목숨줄 이어가는 주름진 얼굴
건배의 잔 높이 들 날
언제쯤일까
가을비는 소리 없이 한낮을 적시고

## 풍요와 그늘
- LA에서

야자수 나무가 한편을 덮고
구름 한 점 없이 푸른하늘 끝없이 펼쳐진
하늘 아래 수평선 너머 태평양 저 건너
내 살던 서울이 지금은 먼 곳에 있다
10월의 태양이 등줄기를 달구는 한낮의 해변
한여름 복장을 한 이방인들이 몰려오고 돌아가곤 한다
선남선녀 사이로 곰인지 사람인지
분간이 어려운 한 떼의 여인들 저 커다란 엉덩이가
한국 여인들 두 배는 될까 내 동공이 머문다
대지는 더위먹어 헉헉거리고
한 해가 가도 비가 거의 오지 않는 사막 같은 땅 위에
한낮 섭씨 35도 불볕이 내리면 잔디밭과 화단 숲 사이
숨어있는 수도 파이프에서 목마른 생명수를
뿜어 올린다
푸른 잎새들 뻗어 올라 꽃을 피우고
열매를 맺어 옥토를 이루고
모래벌판 대륙은 하늘의 보살핌으로 젖과 꿀이 흐르는
기름진 땅이 되었다
풍요와 축복이 가득한 땅
내 머릿속 입력된 불가능은 없다
그리고 노숙자의 눈물 울부짖던 목소리

'Its god's will'

# 전등사에 마음 둔 하루

강화도 길상면 온수리
칠백 년 소나무 줄지어
거북 가죽 입고 속세와 다른 세상
나그네들 머리와 몸을 조아린다
국운이 촛불로 흔들리던 때
프랑스 군대와 양현서장군 조선육군이
맞붙어 이름을 날린 병인양요
역사의 현장에 뜨거운 피가 온몸을 돈다
왜적의 칼날에 절의 숟가락 젓가락에 더해
말 없는 소나무들 껍질 벗기고
기름의 원료 송진을 도둑맞은 아름드리
저 소나무의 젖은 눈동자

절간 귀퉁이 광고판 '50만 원에
이곳에 산골하여 영원토록 안락을 누리시오'
속세에 익어간 몸들
공수래 공수거란 무엇인가

# 장애인의 날
- 42번째

'무궁화 삼천리 화려강산'
보지도 못 하면서 홀로 서지도 못 하면서
한 소프라노 시각장애인이
외롭고 먼 길
땀과 눈물로 가야 할 목숨들
이런저런 차별의 눈초리에 가슴속 응어리는
날로 자라는데
휠체어 몸 남자와 여자 무용수가 맞잡고 벌리는
춤사위 한마당
각본 없는 본능이 꿈틀거리고 있다
향기 무르익는
라일락 사월의 꽃 물결 속으로
가슴 울리는 저 몸짓
자갈밭을 떠도는 저들 생채기 난 몸 몸 몸
가슴 위에 놓인 꽃 한 송이
언 가슴 녹여낼 수 있을까
내 눈엔 눈물 자국 없어 불멸의 긴긴밤
'무궁화 삼천리 화려강산'

## 시간의 쪽문

금단의 열매
사과 한입 베어 문다
물속 그림자 속으로
시간을 훔치는 쪽문이 열린다
나무 그림자 속
화석이 되어버린 과거가
어둠 속에서 춤을 춘다
팬데믹에 갇힌 몸과 마음
얼어붙은 심장 사이
동백꽃 전류가 흐르는 언어들 입속으로 굴러간다
물기 빠진 내 안의 헛헛한 그림자
물속으로 곤두박질친다
헤진 얼굴들에 물든 불그레한 뺨 너머로
나른한 오후의 한때는 저물고
젊은 날의 잔영이
봄기운으로 꿈틀거린다

# 한밤중 칼춤에 먹구름


주먹이 법을 앞서는 간밤 대활극에
대한 추위도 놀라 달아나 버렸다
육두문자 한 소리에
아닌 밤중 홍두깨 휘두르니 마포땅이 흔들리고
베갯머리 송사에 법꾸라지 춤을 추자
온 나라 눈동자는 커다래지고
약육강식의 먹구름이 바다 건너 몰려오는데
땀으로 쌓아올린 삼만오천불 금이 간다

이 나라 이 겨레
어디로 노 저어 가는가

민주의 제단에 흘린 피 마르지 않게
독수리의 눈과 발톱 길러
세상이 두려워할 평화와 번영을 하나로
긴긴 겨울날을 지워야 하리

## 부정 청탁금지법

솟을대문 안에 전운이 맴돌고 있다
노른자위 벼슬아치 헛기침에
만석군 천석군 넙죽 엎드린다
슬금슬금 쓱싹쓱싹
눈감으면 코 베어 가는
화투판 춤을 춘다
하얀 봉투 뒷주머니 오가고
기레기 한쪽 눈 찡긋하니 너도나도
장안의 사팔뜨기 속임수 활개친다
풍악이 어지럽고 월선이 향단이 매향이
다소곳한 몸매
금준미주 옥반가효 상다리가 춤을 춘다
21세기 여의도 방망이 두들긴 김영란법
이몽룡 어사 출두 소리 왜 이리 그리울까

# 뱃길

낙조의 풍광이 그림 같던
외포리 석모도* 뱃길
갈매기 동행하며 젊음의 숨결
가슴 뜨겁던 사연들
파도를 가르면
따라오던 괭이갈매기들
언제부턴가 울음소리 들려오고
뱃길은 이름마저 잃어버렸다
온기를 주고받던 눈빛들
눈에 박힌 풍경의 잔해들
갈 곳 몰라 허공을 떠돌고 있다
노을이 붉게 물든 선착장엔 적막만 흐르고
광어 다듬던 외포리 젊은 아낙 모습도
저 과거를 잃어버린 뱃길 속으로 멀어져 간다

* 강화도에 있는 섬

# 바람난 구두

선비의 길 심중에 품고
마드리드 광장에서 만난 새 구두
서울거리 한두 달 걸었을까
강남 뚝방길 한켠 일식당에서 허기 채우는 사이
현대판 놀부 한 사람 눈에 끌려가
태평양 건너 한 몸 이루어 놀다
한 달 지나 고국으로 돌아온 신발

입을 벌린 깔창으로 마드리드 흔적을 지워버린
시름에 젖은 얼굴 쳐다보는
신록이 눈부신 오월 어느 날
양재천 나들이에 구름 속 뛰쳐나온
비는 흩날리고 금세 빗물은 발가락 적시네
가슴에 검은 피 흐르는 사람
봄날 꽃향기 흠뻑 마시며
술잔 높이 들고 하늘 한번 땅 한번 쳐다보고
얼굴 떨구면 어떨까

술 취한 눈은 헌것은 보내고 새것만 품는

## 묵정밭과 개망초


산과 들에 연초록 물결이
황금빛으로 물들어도
가는 여름 내내 말이 없는 묵정밭
흉흉한 소문 듬성듬성 피워내는 마을센터 말씀
강화도 양도면 도장리 203번지
외지인이 주인인 빈 농토를 그냥 두고 볼 수 없어
눈 흘기는 저 몸짓에 고개 숙이고
내년엔 고구마 농사나 지어
펜스라도 치고 고라니 산돼지 막아 볼거나
허리 조심하라는 담당 의사 당부도 있어
마음만 묶어 두고 밭 언저리 거닐다 떠나는 길손에
아무 생각 없는 개망초꽃 빙그레 웃고 있다

# 목숨 2

날개도 없이 날고 있다

아슬한 마천루 공사장
흔들다리
고난도 기술을 보여주던 곡예사
날개도 없이 허공을 난다

돈 없고 힘 없고 줄 없는 사람들
먹이 사슬의 끝에서
줄타기한다

세월이 얼마나 지나가야
눈물을 얼마나 흘려야
아찔한 위험을 면할 수가 있을까

오늘도 생목숨 하나 날개도 없이
허공을 난다

# 낙지


어쩌다
어부의 손에 붙잡혀 와

불판 위에 한 생을 내려놓고
고문의 진수를 학습하다
허공을 내닫는 마지막 저승의 길 활주로에서
승무를 추는

열반에 들어 중생들 입속을 얼얼하게 하는
눈에 보이지 않는 종언
낙지의 색즉시공

나는 그만 합장하며
공즉시색으로 화답하다

# 억만금보다 연인을
― 길상사

한양 둘레길 낙산을 지나 성북동 언덕 귀퉁이
풍악 소리 잠들 날 없던 대연각은 간 곳 없고
길상사吉祥寺 풍경 소리가 적막을 깨친다
붉게 물든 숲 사이 머리엔 연꽃 모자를 쓴
마리아상 돌부처가 오른손 펴들고 왼손에
작은 항아리를 안은 채
중생을 향해 말없이 서 있다
16세에 진향 이름표 달고 기생되어 함흥에서 만난
백석으로부터 子夜라는 雅名으로 불리곤 사랑을 불태우다
6.25로 생이별 남쪽에 와서 1955년 바위 사이로 맑은
물이 흐르는
성북동 배밭골을 사들여 대연각 한식당을 운영
일천억 대연각을 이루어 고관대작 사로잡고 세상을
움켜쥐었다
법정스님의 '맑고 향기롭게' '무소유' 사상에 감동하여
근본도량 '길상화吉祥華'란 법명을 받고 보살이 되어
일천억 전 재산을 보시하곤
'나 죽으면 화장해서 눈이 많이 내리는 날 뒤뜰에
뿌려주시오'
유언을 남기고 1999년 11월 14일 육신의 옷을 벗고
길상헌 뒤뜰 언덕바지에 한줌 재로 이승에 길

마침표 찍었다
2001년 11월 21일 김수환 추기경이 법정 스님 손을
잡고 세웠다는
마리아상 '길상화' 공덕비가 석양빛에 외롭다
억만금보다 사랑을 명예로 여기는 그 뱃심이 하늘을
움직인 만인의 연인
가을을 떠나는 나뭇잎 촘촘한 일주문 앞에서
(환상인가)
백석과 자야가 곱게 한복을 입고 손을 흔들고 있다

## 화양년화 花樣年華*

까르페 디엠!
이 땅의 생채기 안고
피눈물 고여있는 땅 딛고 살아온
팔십 고개 구십 고개
화살 같은 세월
피가 끓는 젊은 날엔 밤을 낮 삼아
몸 불사르고
환갑엔 동네잔치 건너뛰고
칠순엔 '인생칠십고래희' 공자님 말씀 마음속 가두고
팔순엔 구름 타고 건너온 핏줄 손 한번 잡아 떠나가고
望九 고개 된바람 불어오는데
오늘도 산자락 잰걸음에 숨 고르고 목숨줄 이어가는
장수의 축복
백세시대 좋은 곳 백일홍 꽃밭 향기 찾아
어제는 동으로
오늘은 남으로
내일은 서으로
모래는 북으로
제멋 찾는 굽은 등 주름진 얼굴

까르페 디엠!

* 인생에서 가장 아름답고 행복한 시절.
  2000년 왕가위 감독이 연출하고 양조위와 장만옥이
  주연한 작품으로 제53회 칸국제영화제 남우주연상

# 해산의 고통

내일 모래면 3월 1일!
연두색 봄날을 시샘하듯 겨울나무 가지마다
솔 잎사귀 위에 목화송이가 주렁주렁 열려 있다
4.10. 샅바 싸움 걸음이 분주하다
삼만 불 훈장을 가슴에 단 선진국 대한민국
넘어야 할 고개가 한둘 아니다
4년 뒤 이 나라는 어떤 모습으로 어디로 갈까
이리저리 찢긴 국민의 마음 갈래 하나로 모아
세계가 우러러보는 그런 나라로 탈바꿈할 수는 있을까
해산의 고통을 셈하여 본다
이따금씩 귓전을 스치는 북녘에서 불어오는 전쟁의 겁박

저들도 한배검\*의 자손이 아닌가
가짜뉴스로 마음은 우울하지만
누군가의 손을 들어줄 22대 총선
역사는 전진한다
베개밑 꿈자리에 봄날 향기를 깔아둔다

\* 단군

# 한지

겨울나무 된 닥나무를 바라본다
껍질 벗겨 알 살을 드러내곤
삶아 건져 올려져 퉁퉁 불은 채
곱게 펼쳐 눕혀 놓고 땀 흘려 쓰다듬어
거듭난 귀한 몸

마음과 정신을 한데 모은
선비의 붓끝이
그 위에서 춤을 춘다
버들잎같이 때론 폭풍우 같은
손놀림 따라 묵향의 향기
온몸에 젖어 들고 한지는 향수에 젖는다

그윽한 옛 향기 후세에 전해 받은
지구촌이 박수를 보낸다
백옥 같은 그대 몸매 만지고 싶어
인사동 골목길 메운 갓 쓴 선비들
뒷짐지고 팔자걸음이다

# 창밖 너머 다음 세상

전등사 지나 양도면 들판을
버스는 달린다
옛 그림자들 저 속에 들어앉아
하염없이 내다본다
빨가벗고 잠자리 잡던 어린 동무들
도라무깡 찌그러진 주전자 끌어안고
얼큰하던 작업복 까맣게 물들인 이십 대
깜깜한 터널을 지나
땅콩 한 줌에 비행기 뜨지 못한 시절도 지나
탄핵 소리로 하루해를 보내는 2024년 12월
유튜브 물결에 세상이 떠다니고
이제는 챗 지피티 시대
별난 직업 묘한 세상 펼쳐지려나
꿈자리가 사납다

# data smog*

되는 소리
안 되는 소리
퍼붓는다

머리에 경련이 일고
눈과 귀 쥐구멍이라도
찾고 싶다

옹기종기
이웃집 아랫집 뒷집
울 너머로 인사 나누고

온기를 주고받던 사람들
모여 살던 그곳으로
나 돌아가고 싶다

가서 환한 웃음 짓는
그 얼굴 만나 보고 싶다


\* sns에 떠도는 정보 쓰레기

# 내 손안에 신이

코로나 2021년 11월 24일 11시!
정상에 발을 딛고 저쯤에 인천 앞바다
김포 비행장 바라보다

정자 옆 긴 의자에 앉은 젊은이에게
인증샷 핸드폰 부탁하니
바람에 날리는 낙엽처럼
손끝에서 미끄러진다

심장이 멎는 듯
한 시간 걸려
헐레벌떡 달려온 119구조대

가까스로 실눈 뜬 1997년생
웅덩이에 고꾸라질뻔했다
찬 바닥에 누운 저 26세 젊음
파리한 육체 초점 없는 시선
니트족* 외치는 삼포 오포 칠포 구포인가

구조대에 실려 가는 등 뒤로
써늘한 바람이 지나간다

풀지 못한 의문 부호들이
시루에 서 있는 콩나물일 듯
머리를 내밀고 있다

내 손안에 신이 들어 있었던
그날 계양산

---

\* neet 족(not in employment, education, training)학교도
직장도 다니지 않는 청년(15세부터34세까지) 170만 명

# 돌솟대

눈비 맞으며 폭풍우 몰아쳐도
오늘도 그 자리
돌기둥 솟대 오리 오형제*

먼 서쪽 하늘 아래
핏줄 생각 문득
가슴속 피워 오르면
구름 타고
날아갈 그 날 헤아려 보지만

돌기둥에 두 발 묶인 몸
하염없이 뉘엿뉘엿 지는 해 바라보는
텅 빈 가슴

한세상 끝낸 선홍빛 라일락 낙엽 한 잎
어디론가 날아가네


* 강서구 내발산동 남부순환로 시발점

## 양산과 엉덩이

발 아래 서해를 품은 산
정상으로 가는 길목
씨줄 날줄로 엮어진 나무줄기 사이
수줍은 색시 얼굴일 듯 연분홍 빛깔 빛깔
줄지어 손을 흔든다
송전탑 너머로 들려오는 멧비둘기 울음소리
소나무숲 사이 퍼져 나가고
산벚꽃 송이송이 사월 계곡을 물들인다
그 옛날
주린 배 부여안은 민초들 가슴속에
참꽃 이름 새겨 놓았나 보다
장수막걸리 한 병에 배추 부침개 한 접시로
불콰해진 얼굴
묵정동 소나무밭 향기에 사뿐해진 발길
한 여자가 엉덩이에 양산을 걸고
쉬 소리 계곡물로 흐르는
봄날 하루가 연둣빛으로 저물어간다

**제3부**

탄도 바닷길
팔팔 이야기
하루 관광
한세월 불야성 지고
쉼터
아리수
EVENT
물섬과 불섬
새싹
동안거
화전花煎
쪽배
소나기 생각
9월 장맛비
멧비둘기
월매와 쪽잠
별리
반쪽
세 번째 별리
병상 일기
간병일지
맛집 순례
학동學童 아닌 연인처럼
밤하늘 새 되어

## 탄도 바닷길

바다는 무엇 때문에 둘로 갈라지는가
바닷물 사잇길로 사람들이 몰려오고 있다
서해 용왕님의 주술 따라
하얀 옷 입은 백성들도 보이고
지팡이를 든 허연 수염의 모세도 보인다
남과 북 금그어져 설움이 많은 우린데
둘로 갈라섬이 그리도 좋은가
철없이 울려 퍼지는 환호성 따라
언덕배기 갈대숲들도 갈 날이 멀지 않음에도
우수수 소리 내며
손을 흔들고
밀려오는 물길에 낙조는 어둠을 잊고
물안개 자욱한 서해 바닷길
헤어진 시간 다시 메우고
대부도는 한 몸이 된다

## 팔팔 이야기

처녀총각 초례청에서
합환주 나누곤
첫날밤 날 새는 줄 모르고 한 몸 되어
새벽닭 울음소리에 이어져 들려온
새벽종이 울렸다 노랫소리
강토를 흔들어 놓던
충전된 새벽의 이차전지 강력한 힘
온돌방을 흔들고 있던
그때 나이 이십 대 봄을 지나 어느새 겨울날
팔십 고개 올라 숨을 헐떡이는
낡은 몸이 온전할까만 어쩌다 물길이 나서
비장의 무기 '팔팔'* 한 알로
용맹 돌진하다
끝내 고지 점령에 두 팔 벌려 깃대를 세우지 못한
체면을 구기고 돌아서는
아쉽다 할까 서럽다 할까 고개 숙인 노신사

\* 비아그라 별칭

## 하루 관광

팔미도 등대 가는 길
둥둥 떠 있는 저 바다 위 섬들
크루즈 뱃전을 따라
갈매기들 한 끼 밥을 얻으려고
고난도 곡예비행 보여주며
사진 모델도 동행하네

세월 흔적 남아 있는
소나무들 사이사이
하얀 등대 우두커니 서 있고
인천상륙작전 때 앞장서
생사를 넘나들던 용사의 숨소리
귓가에 내리네

인천 차이나타운 거리 한중문화홍보관
화려했던 저 흔적
세상의 전부인 양 고개도 못 든
해진 그 시절 눈에 어른거리네

월미도 이민사 박물관
조상님 얼굴 얼굴들
눈물겨웠던 불굴의 삶 궁핍한 삶
백 년 지나 오늘
옷깃 여민다

## 한세월 불야성 지고

떡방앗간에서
떡 치는 소리 요란하다
그 옛날 전쟁이 이 강토 휘감던 때
입에 풀칠하기 어렵던 여인들
하나둘 모여들어 방앗간 차리고
돈벼락 맞았다는 소문에
신장 방앗간이 줄을 이어 문을 열었다
한세월 파시의 등불 불야성을 이루다
어느 때부턴가 북풍이 사나워 남쪽 바닷가 고을로
이삿짐을 옮긴 젊음들
어둠의 장막 드리워진
용주골
이제는 드문드문 늙어서 서러운
젊을 때 떠나지 못한 여인네들
어둠이 내린 방앗간 불빛만
한밤 내내 졸고 있다
어긋난 사랑 단거리 사랑 생겨난 아이들
사랑도 울고 버림받은 여인들
바람으로 잠시 만난 사랑
바다 건너 울음 울고

# 쉼터

산새 우짖는
산비알 숲속

해진 몸 고단을 눕히고
하릴없이
창 너머 먼 산 바라보는 동공 하나

여름철 기운 어느새 사라지고
나뭇잎도 날개를 접는

산길 돌고 돌아 집을 두고 머무를
중동 요양병원*

노을녘 환자 옷 입은 저 축축한 눈
나는 허허로운 웃음 한 줄 남겨 두고 돌아선다

어둑발 휩싸인 노인 보금자리
서쪽 하늘
개밥바라기별 하나
발산동 길로 비춘다

* 부천시 소재

# 아리수

쉼표도 없다
언제나 잰걸음으로
오늘도 서해로 흐른다
비바람 역사 안고
아득히 들려오는 옛 성터의 함성
귓전에 들으며
진토되어 다져진 하늘공원 터에
억새밭 손 흔들고
저 너머
행주산성 어둠이 찾아오면
낙조에 젖은 물빛
황금빛으로 출렁인다
잘살아 보려 땀에 젖어 흘러온 강
서쪽 나라 파랑새 찾아
오늘도 서해로 흐른다
쉼표도 없이

# EVENT

순국한 영혼이
잠든 동작동에
하늘의 별들이 내려와
서울 청계산에서 떠온 山水
洗心水에 손을 담근 후 흰장갑을 끼고
하늘에 告했다
손을 턴다 뺀다 뗀다 씻는다
삼천리강산
洗心亭
洗心齊
洗心臺
洗心堂
옛 어른님들 헛기침
幻影되어 어른거린다
십 년이면 강산이 변한다는데
사람들은 입속으로 웅얼웅얼

# 물섬과 불섬

1.
섬이 손을 뻗는다
앞뒤에서 밤낮으로
눈총을 겨누며 으르렁대다
마주 앉은 두 섬
운명처럼 만나 물과 불이 되어
못다 한 정분 나누려다
병마에 쓰러진 물섬
병수발 십 년에 돌쇠가 된 불섬
창살 없는 감옥에 갇혀
바람 부는 날이나 비가 오는 날이나
36.5도 체온을 장전한 눈총
한마디 말 없어도 우리는 다 안다
어쩌다 눈총을 거둘 때 섬과 섬이
성을 쌓는 무인도가 되고 마는 것을

2.
산수 고개 올라
바다 건너 날아간 눈망울을 생각한다
몸은 멀어져도 마음만은 한결같이 공경하는
기억 속 한잔 술에 들려오는 목소리
신의 계시인가
고향과 타향
두 섬이 가늠자 없는 눈총을 겨누고 있다
서늘한 바람 가슴속 적시어
저 멀리 노을 속 철새 가족
둥지 찾아 날갯짓하는

# 새싹

헌인릉
'어르신과 다둥이 꿈을 이루는'
현수막 등 뒤에
고랑을 파고
이랑을 돋우고
물 주고 묘목 심고 상추 심고
씨앗 뿌린 한나절
한쪽은 다둥이 덤 소리에
웃음꽃 활짝 피는구나
사나흘마다 생명을 두루 살피는 눈과 손
할 일 많아 분주하구나
한세상 푸르게 헌인능 바라보며 놀다 가라고
문안 인사 올리는 도시인 농심

# 동안거
 - 연밭


칼바람 부는 벌판
얼음꽃잎 송이송이 피었다

열두 폭 치마 잎새 지붕 삼고
애잔한 향기 피우며 노닐던 자리

결빙의 대못질에 갇혀
널브러져 있구나

삼복에 피어날 고운 몸매
다듬으며

얼음집 도량에서
경전을 읽고 있다

## 화전 花煎

외딴 산등성이
골짜기마다 뒤엉킨 나무줄기 사이로
연분홍 얼굴 본색을 들어내는 참꽃
그윽한 향기에 봄마다 가슴앓이를

순백의 민초 이민족 말발굽에 흘린 피로
발길 뜸한 산자락 둥지 틀고
자라온 꽃 중의 꽃 참꽃에

화전* 한 접시 참사랑을 얹어
님과 마주앉아 어둠 속 빛나는
봄밤의 세레나데가 울려 퍼진다
사랑도 깊어 가고 계절도 깊어 가고

* 찹쌀가루 반죽에 진달래 개나리 국화 꽃잎 대추 붙여 기름에 지진 떡

# 쪽배

모래알 같은 인생
무슨 인연으로
여기 머물고 있을까

흘러온 길 뒤돌아보곤
흘러갈 길 찾아서

쪽배에 몸 싣고
서쪽 나라로

물처럼 바람처럼 구름처럼
흘러가고 싶다

## 소나기 생각

어깨 굽은 노파 고구마밭 가운데
엉덩이 의자에 월남 모자 쓰고
호미질한다
저밭* 은빛 양철지붕 밑에서
서방님과 푸르던 때
소나기 한줄금 쏟아붓는 밤이면
빗줄기 따라
말없이 전해 오던 뜨겁던 가슴
먼 길 떠난 님과 깨가 쏟아지던 자리
새 생명이 노래하고
스프링클러가 춤을 추고 있다
지금도 소나기 오는 밤이면
할머니는 새댁이 된다

* 강화군 양도면 도장리

## 9월 장맛비


깊은 밤
주룩주룩 쏴아 쏴아
9월 장맛비
쉼표도 없이 쏟아붓는 빗줄기
무슨 아픈 사연 있길래
이리도 막무가내로 쏟아질까
세상 구정물 다 씻어버리려고
그랬는지 모른다
멀리 있는 그리운 얼굴
하나씩 불러본다
잠 못 이루는 밤
먼 곳으로 그리움 하나 데리고 떠나고 싶다
긴 가을 향연의 마당으로

# 멧비둘기

가슴속 쌓인 곡조 늘어놓는 멧비둘기
행주산성 푸른 숲속 역사 향기 읊는다
토성길 굽은 망루 시 한 수가 낭낭타

늘 푸른 소나무길 찾아온 길손들아
응내리 쓰나늠는 저 소리 들리느냐
내일도 들려오려나 저어하는 길손들

바람 불고 비 오는 여름날 어느 곳에
빗물에 젖지 않는 둥지를 틀었느냐
태풍이 몰려오는 밤 너의 안부 묻는다

## 월매와 쪽잠

쪽잠은 언제나 월매를 호명한다
웅크린 잠자리* 파고들 적에
남산골 불어오는 밤꽃 그 비릿한 냄새에
잠 못 드는 여자가 있었다
이태백이 놀던 저 둥근달 속
절구질하는 옥토끼 한 쌍 그림자 비추고
6월의 여름날 쓸쓸히 환자복을 입은 아내
우두커니 쳐다보는 눈에
둥둥 떠다니는 술잔의 향기** 얼큰해
옛적 춘향이 시절 생각은 깊어지고
척추로 몸을 다친 생의 동반자
그늘 드리워진 병실에서
실없이 웃고 있다

\* 백병원
\*\* 술 이름(월매)채색화

# 별리

"어서 가세요"
요양보호사의 손짓 따라
돌아서는 등 뒤로
"여보 같이 가요"
뻗어오는 반쪽의 손
"여기 있어야 돼요"
떼어놓고 돌아서는 길목
떨어지지 않는 발걸음

가슴속 둑방이 무너져 내리고
이슬이 눈가를 적신다
반백 년 한 지붕 아래
파도 타며 넘어온 주름진 얼굴
지는 해 바라보며
석양빛에 물드는 빈 둥지

어둠을 지우고 있는 새벽
창틀에 걸려 있다

# 반쪽

하루만 있겠다고 집으로 돌아온 지
다섯 해가 지나고 가을이 왔다
태평양 건너간 핏줄 기억
점점 멀어져 가고
찬바람 감돌던 집 아내 소리 들려오자
꼬리 흔들어대는 별*로
집안 구석구석 환해진다
아침이면 주간 보호센터 출근길
앉는 둥 마는 둥 휠체어에 몸 실은
세 살 아이로 돌아간다
주름진 세월 건강을 위해
마곡나루에서 한숨 두어 번 하늘로 올리고
서울식물원 자락을 거닌다
젊음은 가고 어둠이 내려 쌓인 둥지
밤 12시 창틈으로 반쪽 달이 기웃거리고
내년이면 대학생일 손주 모습
다시 만날 날 손꼽는다
오늘도 해질녘 돌아올 지승에서도 함께할 반쪽과
입이 즐거워할 비빔밥 한 그릇
마트에 맞춤한다

* 강아지 이름

## 세 번째 별리

떠나보냈다

감당할 수 없는 몸 척추전방전위증 때문에 눈 감고
귀 닫은 채 어쩔 수 없이
아내는 그렇게 바람 한 줄로 집을 지웠다
옷가지 몇 점만 보자기에 싸서 늘푸른요양원 차에
시들어가는 몸을 맡기고
내발산동 둥지를 떠난 2023년 1월 19일 19시

동에서 서로 남에서 북으로
생의 동반자 흔적을 찾아 어둠이 내린 거리를 헤맸다
낯선 사람들만 종종걸음이고
둥지를 찾는 차량 행렬의 긴 불빛만 밤을 밝힌다

폴더 휴대폰으로 다급하고 간절하게 띄우는 칠팔십
통의 목소리
나는 귀를 막고 눈을 감고 목석같은 남편으로 다만
가슴으로 울며 울며
밤을 지새웠다
집안 곳곳 아내 그림자 어느 때쯤이야 시름겨운
흔적을 지울 수 있을까

주인 없는 안방 금방이라도 문을 열고
들어올 것만 같은
강 화 자! 내 반쪽
부디 그곳에서 그늘진 얼굴 지우고 오래 살았으면

빈 둥지 구석구석 당신의 발자취 남아 있어
오늘도 독거노인 슬픔에 젖어있는 반달로 이슥한 밤
꿈길 오가는 무정한 주름진 세월

# 병상 일기


늦가을 파란 하늘
서울식물원 산책길
부지런한 발걸음들
낙엽이 여기저기 몸 굴리고
단풍나무 화살나무 빨간 잎새들이 다가온다

마트 들러 먹거리 한 보따리 들고 집에 오니
아내는 여전히 티브이에 눈을 맞추고 있다
매일 출근하는 주간보호센터가 일요일엔 쉬는 관계로
게으름을 피우고 있다
약밥 김치찌개 카스테라 우유 비빔밥 세트
즉석 잡채 두부 한모 찹스테이크 새우해파리냉채
김치 깍두기 계란 등등
소화 능력이 약해지는 듯하여 끼니마다
훼스탈이나 베아제
한 알을 먹여 배변 사고가 전보다 뜸하더니
오늘 드디어 사고가 터졌다
화장실에도 침대 바닥에도 오물이 묻어 있다
세탁기 돌리고 화장실 청소하며 요양사 일을 실습한다
소변 몇 번 실례한 젖은 바지와 속옷을 비닐에 넣어
어제저녁 귀가 버스 편에 보내왔다

(요양원에서 이런 것 맡아서 처리하여 줬으면 싶다)
팔십 고개 몸이어도 서투른 대화가 통하니 다행이나
방금 일도 잊어버리는 게 안타깝다

## 간병일지


화살 같은 세월이다
한 달 지나면 우리 나이로 82세
아내 다니는 주간보호센터에서 전화가 왔다
배변 사고다
갈아입을 옷 갖다 달란다
냄새나고 옷 갈아입히고 씻기느라 애쓰는 요양보호사
얼굴이 떠오른다
꾸준히 약 복용하고 식재료에 신경을 더 써야겠다
며칠 지나면 정상으로 돌아오겠지
아내도 면구스러운 눈빛이다
미안한 마음에 그럴 것이다 라고 생각하며
세탁기를 돌린다
가끔씩 상심하는 말투도 엿보인다
밥상 차려주는 반쪽과 이 집에서 오래 살아있기를
개똥밭에 굴러도 이승이 좋다고 하지 않는가

지난 세월 밀당하며 살던 젊은 시절
부하들 여럿 거느리던 호시절은 어디 가고
태평양 건너가 버린 손주들 카톡 소식 귀 기울인다

창 너머 활주로 건너 우뚝 선

계양산 중계탑 머리 위로
철새 가족 줄지어 석양을 날아간다

## 맛집 순례

반백 년 初老의 새치머리가
어미 아비 품속으로 파고든다
태평양 바람 타고 구름에 실려 간 지 얼마던가
오늘은 비바람 부는 아우네 장터* 언저리
풍산공원묘지에서 누워계시는
할아버지 할머니 앞에 꾸벅
큰절을 올린다

"아니 너 세욱이 아니냐
빗줄기가 저리 세찬데도…
그래, 미국 사는 게 어떻드냐?
어느 한날 니 애비 지구를 떠나가면
찾아올 핏줄 끊어질까 이러저런 걱정이
앞서는구나"

열흘이면 시월, 모국 떠나갈 이별을 위해
그칠 줄 모르게 과거를 헤매는 어미 대신에
때 묻은 운전대 잡고 팔십이 앞장서 맛집 순례한다
육개장 감자탕 순대국밥 우거지갈비탕
부대찌개 김치찌개에 피어나는 환한 얼굴
길들여진 고향의 맛 잊지 못해

이 도시 저 시골 떠도는
애비와 아들의 가을 시간 위로
갈색 나뭇잎 하나 떨어져 거리를 뒹군다

\* 유관순 열사 고향

## 학동學童 아닌 연인처럼


LA 여행은 추억의 저장고

재택근무하는 남편을 홀로 남겨 두고
간만에 참으로 간만에 사십 줄 여인의 전기차에
몸을 싣는다
배씽앙 바닷가
산디아고 대학 가는 길 한 시간 반
그녀의 운전 실력에 느낌표 하나 찍고
우두커니 바라본다
땟국물 씻어낸 하늘 위
구름 한 점 없는 하늘과 눈맞추는 새파란 바다
야자수들 줄지어 손 흔들고
바다를 향해 뻗은 관광용 다리 거닐자
쏼라쏼라 이 동네는 백인들만 보이고
저쯤에선 인종전시장 펼쳐 있다
그녀의 손짓 따라 나는 어린 학동 되어 졸졸 따라가며
주는 것 받아먹고 말 잘 듣는 선생과 학생으로
위치한다
슈퍼에선 카트 밀며 웃음꽃을 피우고 썸남이
되려나 보다
이국땅 추억여행은 어느새 저물고

물가 갈대숲 너머로 억새풀 손짓하는 서울식물원이
눈앞에 어른거린다

대를 이어 손자를 낳아준 며늘아이
고운 모습 눈동자 가슴속 가두고 기도 한줄 올린다

오늘도 저 둥근달은 바다 건너 잠든
서세욱과 이상숙 집 마당에서 쉬어 가겠지

# 밤하늘 새 되어

허수아비 셋
나란히 무논을 지킨다

황금 물결 사라진 자리에
무어 지킬 게 그리 많아
저리 서 있는가

언덕 위 붉게 타오른 잎새
찬비에 젖어 웅크리고 있다가

한 줄기 바람 소리에
우수수 삶을 내려놓는다

알몸이 되어 가는 계절에
내 노을길 찬비에 젖어
쓸쓸함은 방안 가득한데

이 땅이 싫어진다
조국을 떠나간 어린 생명 정우를 생각하며
가을에서 겨울로
저 밤하늘 비추는 항로 따라

한 마리 새 되어 이국땅에서
추억을 삭임질로
세월을 머물고 싶다

**제4부**

평화의 합창
한방에 살길 열려
한민족
새해
리비교
역사의 필름
한강 2
장단군
장승의 여로
세월은 짧고
서희徐熙
서초동 젖은 눈시울
비석
삼전도비
바위
객창
허수아비
안경
판잣집
실미도에서
동구능 언저리
장터목 별밭 이고
폐가
꿈에 본 전대
흔적
동창

# 평화의 합창

남한의 아사달과 북한의 아사녀가
초례청 앞에서 알몸으로 나란히 섰다
손가락을 걸며 맹세했다
"이제 한반도에 전쟁은 없다
이제 우리는 결코 뒤돌아가지 않을 것이다"
이념의 말뚝을 뽑아버린 군사분계선의 밤
평화의 합창
6.15 공동선언과 10.4 공동성명
얼어붙은 나무에도
뜨거운 피가 돌고 돈다
가다가 힘들면 쉬어도 가고
산산조각 났던 우리의 꿈도
퍼즐같이 맞추어
물도 주고 비료도 주어 보자
심훈의 그날\*처럼
8000만의 코러스가 울려 퍼질 그날은
정녕 오고 있는가

---

\* 그날이 오며는/ 삼각산이 일어나 더덩실 춤이라도 추고 한강 물이 뒤집혀 용솟음칠 그날이,/ 이 목숨이 끊기기 전에 와주기만 할 양이면, 나는 밤하늘에 날으는 까마귀와 같이/ 종로의 인경을 머리로 들이받아 울리오리다,

## 한방에 살길 열려

일곱인 듯 여덟인 듯
애기 낳다 하늘나라 떠나간
엄마 잃은 막내 울음소리
온 누리에 눈물로 번진 그 시대
병도 많고 탈도 많고 말도 많던 가슴앓이 민초들
한반도 이 땅에 태어난 님
신의 손길로 생명길 열어주고
신비의 원천 하나하나 찾아내고
피땀 흘려 집필한 동의보감
병마에 시달리던 백의민족 한숨어린
발자취 따라 재생의 길 걷게 한
절망의 나날 살던 환자들 살아 돌아오고
희망으로 일구어낸 조선 제일의 명의 허준
오늘 K 한방으로 이름 빛나는 이 땅
하늘에서 빙그레 웃고 계시리

# 한민족

칠십 년 북풍한설 얼어붙은 남과 북
두 사람 뜨건 두 손 마주 잡자 펄펄 끓어
두 손이 용광로 되어 녹아내린 얼음벽

훈훈한 잔치상에 갖은 양념 평양냉면
주고받는 두견주에 오고 가는 덕담들
평화 일꾼 후루룩 소리 잔칫상이 요란타

어느새 얼굴들은 노을빛을 닮아가고
남북이 같은 핏줄 일가친척 따로 없네
온 세계 팔천만 동포 굳게굳게 손잡자

창검이 숲을 이룬 휴전선 정적 속에
지난날 눈물 역사 이제는 덮어두고
억만년 함께 가야 할 단군 자손 한민족

# 새해

민족지도자 김구 선생
좌우에 걸어 놓고 애송하던 시 있네
임진왜란 때
풍전등화 같던 조선의 운명 구하려
승장으로 국가의 위란을 구한
휴정休靜 서산대사의 혼이 넘치는 시구를 보네
"踏雪野中去 不須胡亂行
今日我行蹟 遂爲後人程"
(눈 덮인 들판을 걸을 때에는
아무렇게나 걷지 말며
오늘 걸어간 나의 발자국이
뒷사람의 이정표가 되나니)
先賢들의 기상과 기개 배워
반듯한 삶 반듯한 행동 반듯한 정신 깃들길
흑룡의 해에 서원誓願\*해 보네



\* 부처 보살이 그 중생을 구하고자 하는 원망願望 성취를 맹세하는 일

# 리비교*
- 임진강

같은 핏줄끼리 총칼로 싸운 한국전쟁
수많은 원혼들 피맺힌 사연
땅에 묻은 채 동강 난 조국

한반도
비극의 생채기 껴안고
동에서 서로 누천년 흘러온 물길 위

이 땅에 맨 처음 뼈를 묻은 외국 병사의
이름 기려 새겨 놓은 다리

오늘도 70년 풍상의 산하를
지켜보며 서해로 흐른다

\* 파주군 장파리 위치

# 역사의 필름


때로는 시간을 쓰는 만큼
가슴 뛰는 일도 생긴다
타원형 오석 바위에 한글로 새겨진
'윤보선 생가'
아산시 지방문화재를 걷는다
한눈에 둘러보아도 끝간 데 없이
한마을에 터를 잡고 낡아서 눈 시린 옛집 담들
줄지어 있고
윤일선 문패를 단 집이 있다
한때 세상을 주름잡던 윤씨 일가
역사 속 사라져 간 대통령 생가에서
1961년 역사의 필름이 머릿속을 뛰쳐나온다
관리인이 된 고등학교 친구 윤용구
서울 출타 중으로 얼굴 볼 수 없는 하루
서울에서 온양까지 돈 한 푼 안 받는 전철
늙어서 살 만한 이 땅 아닌가

# 한강 2

서해로 흐른다
쉼표도 없이
수수만년 물길 따라
고기 잡고 밭 갈며
흘러온 민족의 젖줄
남한강 북한강 가에
어매 아배 뼈를 묻으며
살아온 한배검* 자손들

두물머리 첫날밤 치루고
물길 찾아 흐른다
삼전도 눈물 흔적 저 멀리 보이고
아차산성 함성 귓전에 아련하다

장안을 울리던 용산벌 말발굽 소리
하늘공원 억새밭이 두 손을 흔들고
저 건너 행주산성 치마에 돌 나르던
아낙의 함성 물결로 스치운다

낙조에 물든 아리수**
이 밤도 흘러 흘러 임진강 예성강 품에 안고

황해 지나 한 바다로 흐른다

\* 단군의 자손
\*\* 광개토대왕비에 표시된 한강의 옛 이름

# 장단군

38선에 동강 나고
6.25 핏줄 간 싸움질에 남북으로 갈리어
이름마저 잃어버렸다
이제는 잡초에 묻혀
창검이 하늘을 덮은 채 발자국 소리 들리지 않는
지뢰밭에 둘러싸여 소리 없이 울고 있다
중시조 할머니 유택 자리한 비무장지대
香火 끊긴 지 삼백 년 호珊 자 할아버지
저 지뢰밭 속 누워 있다
산세 좋아 生 파주 死 장단으로 불리워 오던 곳
지금은 태고의 정적만이 흐르는 곳
인기척에 놀란 저 고라니 장끼의 울음소리 사이
옛 장단역 기적 소리 아련히 바람 타고 들려오는데
철조망 너머 그린 님 뵙지 못하고 돌아서는 발길
리비교* 아래 임진강은 노을빛에 붉게 물들고
옛님들 뱃놀이하던 저 강은 서해로 흐르며
우리를 바라보고 있다


* 1950년 대전지구 전투에서 전사해 사후 훈장을 받은 미군 리비(LIBBY)
  중사의 이름을 따 1953년 정전협정 직전 미군이 만든 임진강 다리

## 장승의 여로

아득한 그 시절
삼국유사에 장승이 있었다
마을 입구에 자리 잡은
천하대장군과 지하여장군 나란히 서서
마을의 액운을 퉁방울눈으로 쫓아내고
아녀자들 애끓는 사연 귀담아들으며
한세상 살았다

어느 날 낯선 이방인 몰래 찾아와
나 이외 신을 믿지 말라는 한마디에
여린 백성들 제사상 못 올리고
지금 장승배기역 장승들도 누군가의 탈선에 목 날아간
1970년대 그런 때가 있었다

빌딩 숲속에 갇혀 야간불빛 미세먼지 속
야위어지는 마을 수호신
화려한 옛날은 가고 이제는 시절을 잘못 만나
무너져가는 하루하루
장승배기에 외로이 서 있는

천하대장군!
지하여장군!

## 세월은 짧고

하늘을 뒤덮는 애드벌룬
파란 하늘가 점점이 날아다닌다
'종전과 평화'

옹이 박힌 가슴 피가 끓는 청춘들
종전과 평화선언 입에 매달린 비둘기 보나
설움 많은 동강 난 땅
여기저기 물결치고 있다

세월의 걸음걸음
헤진 거죽 옷 입은 철마
장단 역
그날 총탄의 우박 뒤집어쓰던
피 묻은 역사 품은 채
관광객과 나란히 사진 모델로 서 있다

임진강 독개다리 유리 깔판 아래
초록이 깊어진 7월의 무논
짝 잃은 백로 한 마리 산수화 그리고
철조망 너머 녹슨 철길 침목 사이
달맞이꽃 개망초꽃

하늘로 눈길 보내고 있다

분단의 장벽 무너질 날
내 세월은 짧고

# 서희 徐熙

천에 싸여 계신
저 분이 누구신가
머리 들어 앞을 보니
徐熙*선생 흉상胸像 의젓한 자태
대쪽 재상 서필의 아들로 태어나
서기 993년 고려 성종 시절
수십만 걸안군 위협에
바람 앞에 촛불같이 흔들리던 때
대동강 이북 땅 떼어주고 항복하자는
대신들 논의 잠재우고
필마 단기單騎로 수십만 적진 속에 들어가
소손녕과 마주앉아 지용智勇 겸비한 설복으로
'만주땅이 본디 고구려 것이어늘
고구려 계승한 고려에게 내어줌이 옳다' 고
준열히 설복
압록강 강동육주 영토를 넓혀
우리의 오늘 생활터전 있게 하였네
지금도
풍운이 몰아치는 열강의 각축장 한반도
서울시 서초구 외교안보연구원 현관 입구에
드나드는 이 말 없이 바라보며

그 기백 지금의 우리 가슴속에
뜨겁게 울려오고 있네











* 고려 광종 때 甲과 합격, 송나라 사신으로 외교관계복원 송태조부터
 검교 병부상서 제수, 993년 소손녕 침입 중군사 참전, 994년 여진족
 몰아내고 강동6주 축성완료(압록강까지) 성종묘정배향 고려통일대전
 위패봉안(파주), 경기 이천시 설봉공원 내 동상설립, 연천군 고려숭
 모전 위패봉안 덕종조 태사 추증

# 서초동 젖은 눈시울

송나라 사신으로
포구를 떠나던 날
풍랑에 뱃머리 앞길을 가지 못하던
그날 밤 꿈속에 만난
경순왕 왕비와 그녀 어머니
살려달라는 눈물 어린 호소에
안산 부사 불러 제사를 지내니
순풍에 돛단 듯 송나라와 십 년 왕래 끊긴
외교 관계 이루어낸
서희 장군
걸안 침략에 소손녕과 외교담판으로
강동 6주(흥화진 용주 통주 귀주 철주 곽주)
흔들리는 영토 넓히고
고려 운명을 구한 구국의 영웅
서초동 외교안보연구원
현관 한쪽 흉상으로 자리 잡았다
이천서씨 후손들 발목을 잡고 말없이 한마디 건네준다
지금은 '사도광산' 강제노역은 온데간데없고
빛나는 유네스코에 세계문화유산 이름을 올린
깃발이 여름 바람에 나부낀다

# 비석

어필로 새겨 넣은 세 글자
장충단
공원 한켠 잠들어 있다
을미사변* 원혼들 위로하려
제사 모신 지 십 년 만에
열강의 야욕에 고개 떨구고
어이 어이! 나라가 문을 닫았다
일제 강점기 오욕의 역사 가슴에 품고
오늘도 눈비에 젖으며 묵상에 잠겨 있다
나를 잊지 마라
소리 없이 외치고 있는
조선 시대 마지막 임금 순종의 얼

* 명성황후시해사건

# 삼전도비*

만추의 석촌호수를 걷는다
바람결에 물결치는 단풍잎 사이 굽이돌아
호수 귀퉁이 삼전도비를 찾았다
1637년 2월 24일 홍타이지 청황제 앞에
세 번 무릎 꿇고 아홉 번 머리를 조아린
우리의 왕 인조의 얼굴에 피눈물이 고였다
1639년 인조 17년 부끄러운 역사가 서려 있는
그 자리에
돌로 만든 큰 거북등 위 대청황제 공덕비에 담긴 말
산천도 소리 내어 울음바다 이뤘다
(청일전쟁 후 고종에 의해 땅속에 묻혔다가
일제 강점기 총독부가 다시 꺼내 제자리 세웠고
1956면 문교부에 의해 다시 땅속으로 묻힌 몸
그 후 물난리로 땅 위로 몰골을 드러내니
물난리 걱정에 나루터 메워버리고 다시 비석 세우다)
1963년 사적으로 지정하였으나 2007년
페인트 테러 후 복원하여
청황제 앉았던 석촌호수 서호에서
지금의 자리로 2010년 이사를 하고
우리와 얼굴을 마주하고 있다
오가는 후세인들 눈총 따갑게 받으며

하늘을 찌르는 123층 마천루(554.5m)
롯데그룹 빌딩 숲 사이에서
하루해가 기울면 들려오는 소리
'400여 년 전 나랏일 치욕을 기억하며
나를 기억하라'

\* 전철 2호선 잠실역 부근

# 바위
- 碑石

누거만년 말이 없던
삼수갑산자락에서
들려오는 채석장 울음소리
석공의 손에 다듬어져
再活의 길 찾아
뗏목 타고 천렸긴 간다
죽어서 천천 년 살아갈
명당자리* 자리 잡고
가문의 영화 가슴에 새겨넣고
6.25 총탄세례에 피눈물 흘리며
온몸이 으스러질 때까지
눈비에 젖으며 시묘살이 한다

* 경기 이천시 효양산 이천서씨 시조묘

## 객창

관촉사 승방에 어둠이 내리고
저 너머 솔밭
백로 가족 꿈길을 헤매는데

즈믄 해 눈비 젖은
우뚝 선 미륵*

황산벌 어디던가
계백의 오천 군사 함성
희미하게 들려오는데

봉창 너머 풀벌레 소리
잠 못 드는 나그네

달빛 한 줌 베개 삼고
키질하는 솔 잎사귀

저 멀리 기적 소리
울어예는 타는 가슴

* 논산시 은진면

# 허수아비

하늘 높이로 올라가는 타워팰리스에서 바라본다
양재천 변 손바닥만 한 무논 두 마지기

도심 속의 시골 농촌
새떼 막으려 허수아비 패션쇼
할아버지 아줌마 아들딸 옷 입고
양장아가씨 신사아저씨 폼잡아도
지나는 참새떼
같이 좀 먹자고 우르르 몰려 앉아
잔치 벌인다
탈곡기도 갖다 놓고
바닥에 비닐장판 깔아 놓고 타작을 한다
옛 모습 생각에 어리둥절
마음은 고향을 달려간다

# 안경

쌀밥이 그리웁던 시절
마음 순진하고
따뜻한 정이 이웃과 오가던
백의민족들
어느 날 밥술이나 뜨자
마음은 얼음장같이 차디차고
나만 바쁘다고 나만 잘 살아보겠다고
어진 눈빛 힘을 다 잃어버린 오늘
탐욕이 불타오르는 그 눈동자 위에
심안을 밝혀 줄 요술 안경 하나씩 걸치면
가슴과 눈에 온기가 어리는
엉뚱한 꿈 하나 품어본다

# 판잣집

1.4 후퇴 그때
칼바람 날씨 기아와 동상
가마니 몇 장 텐트 조각 얼기설기 엮어
산자락 여기저기 줄지어 선 루핑*지붕 풍경
변소 없는 집 태반 사기요강 필수이던
생존의 몸부림
먹을 물 없어 아수라장 같던 공동 우물터
명절에나 목욕 한번 이가 버글버글하던
쓰레기더미 속 복어 알 끓여 먹고 일가족 황천길
담배꽁초 주워 피우고 깡통 들고 이웃집 동냥 해
식구들 같이 먹던
가난이 가난인 줄 모르던 1950년대
미군 부대 쓰레기 꿀꿀이 죽 인기 끌어
UN탕 한 그릇에 500원씩 하기도
미군 지나가면 꽁무니 쫓아가며
'헬로 기브미 초콜릿'하면 땅에 떨어진 것 먼저 주우려
아이들과 엉켜 뒹굴고
등잔불 밑에서 어머닌 해진 양말 옷 손질하고
빨래하느라 한겨울 개천물에 손 담그던
묵묵히 세월 너머 흘러온 그 시절 목숨들
풍요 속에 먹을 것 투정하는

오늘 아이들
그때를 알 턱이 없지요

* 수입품인 루삥은 기름종이 재질의 지붕재

# 실미도에서

1968.1.21. 밤
청기와궁 상감마마 목숨 노린
자객들로
북악산 하늘이 붉게 물들던 밤 지나

이 땅 젊은이 모아 어금니 질끈 깨물고
일기당천의 용사로 자란 저들 31명

어느 날 하늘에 비둘기 날자
세상인심은 변해
헌신짝 신세된 저들

목에 찬 울분 호소하려
1971년 8월 23일 나선 길

아무도 받아주는 이 없자
수류탄 끌어안고
꽃잎처럼 쓰러져간 저들

썰물이 쓸고 간 바닷가
장엄한 일몰 속

주소도 이름도 얼굴도 잃어버린
젊은이들 해변을 달리며
군가를 부르고 있다

# 동구능 언저리

조선 왕조 문을 연
이성계 장군묘健元陵 찾아가는 날
폭염은 저 산 너머 사라지고
해맑은 10월 바람에 발걸음이 앞선다
빛나는 유네스코에 이름을 올린 깃발이
아름드리 소나무 그늘 사이
갈바람에 휘날리고 있다
저무는 고려왕조 잠재우고
오백 년 조선왕조 이 땅에 세우려
떠오르는 대륙의 명나라 시조 주원장과 힘겨루기하며
반도에 불어오던 바람 잠재운 이
여기 잠들어 있다
자신의 유언대로 함경도에서 떠 온
고향의 억새풀로 잔디 대신 지붕 삼고
흰 수염 날리며 봉분 안에 앉아
영욕의 조선 왕조 오백 년 내내
지금은 허리 끊긴 한반도 지켜보며
어명이다 '정신들 차려' 고함 소리
억새풀 동산에서 들려온다

## 장터목 별밭 이고


서울에서 신원역 거쳐 중산리행 버스
신록이 무르익던 오월의 한낮
사위와 헐레벌떡 4시간 40분 만에 천황봉길 올랐다
발 아래 펼쳐진 운해 사이로
산봉우리 줄지어 '열병 끝' 외치고
천군만마 분열을 시작한다
뉘엿뉘엿 지는 해 등지고 찾아든 산장
담요 두 장 몸 두르고 산객과 한자리에
65세 선임 노장인 나를 격려해 주던
장터목 산장 주인
담요 두 장에
별밭의 재잘거림에 잠 못 들고
장터목 별밭 이고 꿈길을 간다
백무동길(남원쪽) 하산에
발걸음은 천만근이어도 임실 사돈댁 떠올라
대포 한잔 생각에 발보다 몸이 앞선다

# 폐가

돌담길도 없는
산자락 외딴집
그 누가 살다 갔나
방 하나 부엌 하나
빛바랜 책 몇 점 웅크려 앉아
햇볕을 쬐고 있고
방안엔 도배지 너덜거려도
살가운 말소리
도란도란 들려오는 듯

단칸방 부엌엔 아낙의 종종걸음
부지런한 손놀림 눈에 머무르고
이제는 빈집 되어 열려진 창문에
바람들만 찾아드는 곳
참배길에* 만난
세월의 흔적이 쓸쓸하다

* 충남 아산시 덕수이씨 시조묘

# 꿈에 본 전대

충무동 새벽 장터에서 전대 두른 여인
칼바람에 얹혀 가슴속 파고든다

날이 지고 달이 져도
지워지지 않는

푸르던 세월 갈잎으로 변하고
주름골 깊이 패인 헤진 몸
구름 돛단배 타고
꿈속에서 유랑하고 있다

핏줄들 발자국 배어 있는 방
이불 덮어주고 티브이를 끄고
여닫이문을 닫는다

설운 세월 뒷모습 계양산 노을에 새겨 놓고
염주 굴리는 소리
가랑잎에 실리어 바스락거린다

# 흔적

하늘길 오르다 멈춘 자리
태풍이 불어와도
비바람 몰아쳐도
멈추지 않는 일편단심
피멍이 든 채로 지난날 발자취
담장에 남겼구나
잠들지 않는 너의 거친 숨소리
뜨거운 가슴 하나로 빈 벽을 채우다
찬바람 휘몰아치는 계절 찾아오면
눈물 쏟아내며 온몸의 피를 모아
일필휘지로 써 내려간 긴 사연
생활전선 벽에 새겨 놓았다

## 동창

멀리 떨어져 있어도
우린 동무입니다

이 땅의 거름이 되려
흙이 되려
터전 일구며 땀 흘린
너와 나

색색으로 피었다가
낙엽처럼
먼 길 떠나갈 우리

그래, 친구야
코로나 물러가면 부지런히 만나
미운 정 고운 정
다독여 나가자

## 제5부

며느리 방망이
무섬마을
백석포
새벽 김포공항
섣달 그믐밤
장터와 집터
저승사자와 한판
초가집
춤추는 지게
평택 기차역
학창 시절
할머니 찾아
호루라기
호로고루
산수 고개와 일곱 살
향수
매실과 출가
조선족 그리고 감자꽃
남산에서 추억이 피어나다
잿밥
쌀밥나무
실랑이
어린 시절
마침표

# 며느리 방망이

귓가에 들려오던 소리

이불 호청 걷어 솔기 반듯이 펴 두 겹 접어놓고
시어머니 며느리 마주 앉아

두 손 맞잡고 팽팽히 잡아당겨
옥양목 보자기에 덮어 싸서
자근자근 밟아 놓고 다듬잇돌에 올려놓고
홍두깨 같은 방망이 양손에 잡아
장단 맞추어 똑딱똑딱

시어머닌 며느리 얼굴 슬쩍 훔쳐보고
엊그제 주정뱅이 신랑 한바탕 난리에
며느린 어금니 악물곤 방망이 치켜올린다

빨라지는 손길 내려치는 방망이
등잔불에 얼비쳐 너풀너풀 춤을 춘다
밤하늘 울려 퍼지던 1950년대 그 소리
멀리서 견공의 울음소리에 외롬을 잊은
등잔불은 졸지 않고 타오르고

## 무섬마을*

소쩍새 울음소리
어스름에 실려 들려오는 내성천
은빛 모래 반짝이는 무섬마을
영양 선비 피가 흐르는 님을 만나
달빛 출렁이던 외나무다리 건너
사랑을 불태운 조동탁 김난희
내성천 물결 위로 찔레꽃 향기 넘실거리던
어느 날
문명의 손길로 누천년 하늘 기운 받아 오던 길
시멘트 옹벽으로 물길 막은 영주댐
자본의 큰손 외딴 섬마을까지
관광객 떼 지어 밀려들어
님 만나 밀어를 속삭이던 추억과 향수
물의 무덤을 나와 낙동강으로 흘러간다

* 경북 영주시 조지훈 시인 부인 연담 김난희 여사 고향

# 백석포

썰물이 지나간
끝 모르게 펼쳐진 모래밭
삼발이 쇠스랑 꽂아 놓고
이리 왔다 저리 갔다 하던 1950년 아홉
쇠스랑에 부딪히며 울려 퍼지던 '덜컥' 소리
모래 위로 머리 내밀던 손바닥만 한 대합조개와
망둥어 낚시에 손목이 뻐근하던 그때
엄마 손 잡고 6.25 피난살이 하던 그곳
나 이 세상 나온 백석포*리 476번지
이제는 상전벽해로 아산만 방조제에 갇혀
물속으로 사라져버린 추억의 백사장
과거는 가고 구석구석 도회로 변한 마을
초가집들의 웅성거리던 소리
머릿속 또아리 틀고
밤이면 완장 찬 처녀의 노랫소리 귓가에 내리고
낮이면 오랑산 나뭇가지 지게 지고
외갓집 언저리 걷는 황혼의 가슴에
추억이 스미운다

* 충남 아산시 영인면 백석포리

# 새벽 김포공항

지하철
에스컬레이터 문은 닫혀 있고
가로등 불빛은 졸고 있다

반짝이는 관제탑 회전 불빛
1960년대 활주로 오가며
바라보던 저 불빛
스물하나 나를
알아볼 리야

우리나라 근대화 새겨 놓은 곳
두 손을 내밀어 포개어 본다

# 섣달 그믐밤


고향에 돌아온 식구들
안방에 둘러앉아 도란도란 이야기 끝이 없다
삼경이 지날 때
하늘에선 눈꽃이
바람 줄기에 실리어 온 누리에
축복의 마음으로 쌓인다

새어 나오는 문틈으로 웃음소리
잠들면 눈썹 쉰다고 눈 비비다 잠든
유년의 얼굴에
어르신네는 밀가루 붓칠했었지

차례 지낼 핏줄들 사라진 세상
평등 세상 바라보는 얼굴에
새해 꿈 소망 부풀고
꽃송이 웃음 벙근다

## 장터와 집터

고명 한 줌 꾹꾹 눌러 육수 부어주는
가슴이 넓은 주름진 손
"많이 드슈!"
다스운 한마디
허름한 장터 바닥을 수놓은 긴 의자
먹거리 한 끼가 왁자지껄하다
옛날은 가고
번지르한 장터로 얼굴을 바꾼
유년의 나의 집터
사립문 서 있는 그 마당
잔치국수 한 그릇에 실려 오는
후르륵 소리
가슴속 향수 시냇물로 흘러간다

## 저승사자와 한판

기와지붕에 드문드문 잡초가 눈에 띄는
하숙을 전문으로 하는
덧니같이 한켠에 웅크린
구석방 툇마루 밑
일산화탄소 새파란 불꽃에 실려 온 저승사자
문풍지 틈새로 손 내밀고 날 찾아왔다
혼절한 새벽 창문 너머로
서 있는 검은 옷 입은 하늘 손님
발버둥 치며 허공을 내젓던 손
'사람 살려요' 소리 목구멍에 감돌기만 한다
창밖 우물가에서 빨래하는 아낙의 비눗물 소리
천리 밖 모기 소리처럼 가물거린다
여기서 생은 끝인가 지옥불로 떨어지는가
오롯이 문 쪽으로 시선을 모아 울부짖으며
몸뚱이 둘둘 말아 여닫이 쪽문과 맞장을 뜨다
육신은 마루에 나뒹굴었다
검은 옷 입은 손님 창백한 얼굴로 황급히
제 갈 길을 간다
가슴속 말 없는 외침
아침 빛살 사이로 널리 퍼져나간다
혈관을 흐르는 수액 물방울 사이

간호사 얼굴 어른거린다
연탄보일러 덮개를 밀어논 논산 화지동 내 삶을 거두어 갈
염라대왕 손은 누구인지
반세기 지나도 풀리지 않는 수수께끼
추억은 아름답다고 말해도 될까

## 초가집

툇마루
별무리 반짝이고
울안에 넘치는
푸른 향기
따리를 틀던
구렁이도 담을 타고 넘나들던 집

더운 날
할머니가 만들어 준
나무그늘 밑 돗자리에서
꿀잠을 자던 그때 그집

지금은 시장이 되어 버린 그 자리에 서서
할머니와 장롱 밑 숨은 구슬 찾으러
방안을 헤맨다

## 춤추는 지게

솜바지 저고리차림 나무꾼들
이 씨 박 씨 김 씨 돌쇠 마당쇠 멍쇠
작대기로 지게 얹어놓고
곰방대 물고 연기 피워 올린다
새벽 눈뜬 안개 사이로
골짝에 남은 잔설 사라진
고개 너머 벌려놓은 나무장터
겨우내 말라 버린 청솔가지
가시덤불 가랑잎 바리바리 얹어
봄 내음을 나른다
집집이 헛간에 부려놓으면
덧셈 뺄셈 흥정 오가는 아낙들 눈인사에
웃음꽃 피워 오른다
막걸리 두어 잔 술기운에 한나절은 지고
허리춤 찬 고등어 한 손 고무신 한 켤레
재랭이고개*를 줄지어 넘는
어릴 적 가난을 먹고 살던
비단결 마음 한폭 풍경


\* 평택과 안성군 양성면 사이 고갯길

## 평택 기차역

새벽을 깨우며 통근 열차는 기적 소리 울린다
시커먼 연기 내뿜으며 발 앞에 서면
고등학생 하나 서울로 간다
서울역 남자 차장 오라이 소리에
혜화동 시내버스에 올라 타고 아침을 달린다
첫째 시간 수업에 절반이 달아나 버린 교실
짝꿍은 웃음기 머금고
그렇게 하루가 지나간다
나를 기다려주는 아랫목 밥 한 그릇
새벽이면 일어나라 일어나라
깨워주던 어머니 손길
지금도 평택 기차역에 설 때면
새벽을 재촉하던 칙칙폭폭 소리
추억 속 가슴으로 울려온다

## 학창 시절

사립문 너머
황소의 울음소리 잦아질 때
떠나온 고향 역
북악산 휘감던 회오리바람
도심을 울리던 함성
귓가에 쟁쟁한데
해맑던 얼굴 굴곡진 그림자
한 잎 두 잎 낙엽 지고
검버섯 돋아나
귀밑 서리 분분하고 고랑진 주름살
파랑새 찾아 꽃길을 같이 걸음 하던 그대
사진 속 걸어 나와 가만히 미소짓네

# 할머니 찾아

비무장지대
지뢰밭 길목을 병사의 손길 따라
양지바른 언덕
중시조 할머니 영원한 집에 머리를 숙이네
나를 낳아 준 핏줄의 핏줄 어른
올해는 사격장 총성도 멈추어

헌관 옷 입고
술잔 앞에 엎드리니
향화의 연기 속 설핏한 그림자
어른거리네

지뢰밭 갇힌 조상님들
다 찾아뵙지 못한 채 향화 속 젖어 드는 이슬
할머니 사랑 담은 보따리 안고
돌아오는 길

화신백화점 분점 이름을 올린
고랑포구 옛 영화는 간 곳 없고
키를 넘는 갈대숲만
바람 소리 따라 물결치고 있다

석양빛에 물든 임진강 위
조각배 하나

갓끈 매만지는 옛 선비
헛기침 소리 아련하다

# 호루라기

두드린다
젓가락 장단에 이 다 빠진
죄 없는 술상
간밤 호루라기 소리에
숨어든 집
삼십 촉 백열등 불빛
새벽을 기다리는 퀭한 눈빛
국밥 한 그릇 먹으려
헐레벌떡 나서던 그때
청량리역 새벽 기적 소리
귓가에 감도는데

# 호로고루*

해질녘에
임진강 변 역사의 성채가 눈에 부신
현무암 절벽 위 고구려 옛 성이 세월을 품고
우두커니 임진강을 바라보고 있다
한반도 허리까지 내려온 한 핏줄 고구려의 힘이
이곳에 우뚝 솟았다
강 저쪽 한성 백제와 마주보던 시절
삼국이 한강을 사이 두고 힘겨루던 그때로 돌아가
나는 고구려 장군 몸짓으로 산마루에 홀로 올라
사진 한 장 남겼다
'내가 장군이다'
'장군이 여기 있다'
2002년 북한이 만들어 보내 준 집 안에 있는
광개토대왕 모조비가 비바람에 씻기우며
빛줄 하나 움켜쥐고 있다

* 고구려 성 이름

## 산수 고개와 일곱 살


불타는 여름 한복판
어머니 아버지 뵙고자 고향길 나선다
저승에 계신 부모님 막걸리 한 잔으로
목마름을 적셔준다
'아들이 왔구나 그동안 어떻게 지냈느냐'
'잘 지내고 있습니다'
산 메뚜기 한 마리 술잔 곁에 앉아
산 자와 죽은 자의 영혼의 소리를 듣는다
바람 따라 산등성이 들풀들 춤을 춘다
돌아서는 2022년 7월 30일
풍산공원 한낮의 발길
산수 고개 올라선 구부러진 몸이어도
오늘은 일곱 살 철부지로
어머니 젖가슴 더듬던
꿈길 오가는

# 향수

3호선 지하철 경로석
비닐봉지 속에서 감자튀김 하나 꺼내
소스에 찍어 먹는 고사리손 닦아 주는
긴 머리 새파란 엄마

이십 줄 어미와 아들의 끝 모를 끈끈한 시간에

내 경로석 다리는 서 있어도
청년이 되어간다

## 매실과 출가


뭉게구름 조각으로 초가집 짓는 푸른 하늘
때 묻은 도심 발길로 산수가 그림 같은
개천을 품고 있는 하다리에 발을 벗고
덜 익은 여름날, 고단함을 내려놓는다

초록잎과 초록열매를 가지마다 매달고
저리 허물없이 부풀은 가슴 좀 봐
농장주인 아낙처럼, 언젠가 산골 떠나
도시로 출구를 꿈꿀 테지
저 열매 노랗게 익을 즈음
매실주 향기로 추억을 삭이는 발산동 발
홀로 노년 이름으로, 한 포대 주문을 해야겠다

매실은 매우 실한 열매라는 줄임말이다
화려한 출가 그 종착지는 내 뱃속
잊어서는 안 될 일

## 조선족 그리고 감자꽃
- 이상규*

마포나루 흔적이 서려 있는 강 귀퉁이
마른 나뭇가지 몸집인 노인
세월의 흔적이 겹겹이 쌓인 서가에 격동기를 쓴 책
서가마다 빼곡하다
흘러간 세월의 풍경들
쓰라린 젊은 시절 떨쳐내 발 벗고 나서 이룬
손꼽을 수 없는 이웃사랑
조선족 한족 가리지 않고 만주 벌판 넘나들며
한평생 살아온 당신
어린 청년 박사 만들고 그 땀 기려
연변 교과서에
님의 시 '감자꽃 당신' 이름 빛내고 있네
중국 인명사전에 한국 시인으로 홀로 이름 적혀 있어
이무기 닮은 왕방울 눈
용으로 승천할 꿈 꾸며
오늘도 길고양이 밥상을 차려주는 등 굽은 시간 위로
석양빛 한줄기 스미운다

* 이상규 시인의 대표작품 '감자꽃 당신', 중국 하북성 인민정부와 문화교류 협정, 스러져가는 조선족 문학의 열정을 담아내어 문집의 집대성 이루어 낸 땀과 눈물, 문화교류 물고를 튼 의지의 시인

# 남산에서 추억이 피어나다


서울의 제일 높은 남산 타워에 올라
추억을 더듬는다
촌놈이 유학을 와서
혜화동과 종로5가를 오락가락하던
뿌연 연기 속에 가방 든 내 모습도 보이고
미아리로 밀려나 안암골 오가던 그 시절
군대 3년 공군 복무하고 한일협정반대 데모 바람에
쫓기다 대광고 사금파리 담장을 넘던 내 모습이
머릿속 영상으로 지나간다
자칫하면 개 패듯 하던 트럭에 실려 갈 뻔도 했었지
숭인동 형제 설농탕집 도라무통 슬픔과
기쁨도 떠올랐지만
고층 건물에 가리워져 이런저런 상념들이 눈앞에서
사라지고
제일한강교 너머로 삼십 년 노량진 세월 위로 먹구름이
떠돈다
신분 상승의 기회는 다가와 수유리를 탈출하고
아파트 당첨으로 강남 시대를 연 1982년!
개포동은 빌딩 숲에 가려 가물가물 매연 속에
웅크리고 있다
딸과 외손주의 보름달 얼굴이 청계천

야간 물길따라 어둠을 밝힌다
며칠 후면 미국으로 떠나갈 이별이지만
이별은 언제나 그리움과 슬픔을 낳아
독거노인 하루해가 왜 이리 짧을까

# 잿밥

하안거 동안거의 길
부추도 고추도 보이지 않는 식단으로
치성드리는 염불 소리 목탁 소리에
면벽 도사와 보살
극락정토 찾아 백팔 배 무릎 꿇고 땀방울 쏟을 때
감은 듯 뜬 듯 은은한 부처님 눈으로
허불망원경 너머 극락세계 찾는 중생들
오늘도 바람결에 실려 오는
독경 소리 풍경 소리
보여주는 이승과 저승길은 같아도
마음속 뜻은 달리 있어
바라바라 단디바라
관세음보살, 합장

## 쌀밥나무*

가로수마다 밥을 짓는 걸까
뜨거운 김이
모락모락 솟아오른다
달디단 쌀밥 내음에 군침이 절로
간밤에 이밥 꽃이 피었나 보다
수명로** 가로수길 가지마다
고봉밥 차려놓고
어서 이리 오너라
배불리 먹으라고 손짓한다
보릿고개 울며 넘던 봄날의 유년 시절
보리 밥솥 한 귀퉁이에 쌀밥 한 공기 앉혀놓고
내 밥주발에만 담겨지던 새하얀 쌀밥
"아들아 오늘이 네 생일날이다"
어머니 목소리 풍산공원*** 무덤을 나와
주름진 귓전을 맴돈다


\* 이팝나무
\*\* 서울시 강서구 수명로길
\*\*\* 충남 천안시

# 실랑이


웃음꽃 남겨 놓고
왕벚꽃 나무 밑에 한 생이 누워있다

열여섯 해 한마음으로
내 마음
빈자리 채워 주다
수술 끝 병마에 붙잡히어
스러진 눈동자
너 머물던 자리엔 온기가 사라지고
주인 잃은 빈 밥그릇 바람이 쉬었다 간다
불가마 속 실려 가던 날 밤
창가엔 이슬이 맺혔지
뛰놀던 뚝방길* 조촐한 빈소엔
동무 새들 줄이어 두 손 모으고
하늘 흰 구름도 머리를 숙였지
겨울 지나 새 봄이 오면
너의 모습 닮은 왕벚꽃이
또다시 피어나겠지
오늘도 어둠이 내린 서쪽 하늘에

개밥바라기별** 반짝인다









* 양재천
** 금성

# 어린 시절

싸리빗자루 둘러메고 말잠자리 잡다
허우적댈 때 구해 준 동무 기춘이
사촌 누나와 메뚜기 잡아 볶아먹던 고소한 내음
비 내리는 날 집 앞 고랑에 황토물 콸콸 흐르면
삼태기에 굵은 미꾸라지 손바닥 붕어 올라와
호박잎에 돌돌 말아 아궁이에 구워 먹곤 했지
방앗간 앞 큰길가 널브러진 인민군 탱크에
팔다리 걸쳐 있어도 들락거리며 놀던 9살 철부지
아버지 바람피워 어머니 가슴앓이할 때
기생집 창가에서 들려오는
달도 하나 해도 하나 사랑도 하나
입시 공부하러 기춘이와 불도 없는 십리 길
비 오는 밤이면 뒤통수를 귀신이 잡아당겨
두 손 잡고 걸음아 날 살려라 줄행랑 놓던 13살
옆집 함흥 포수 아저씨와 봄이면 뜸부기
가을이면 꿩 잡고
옆방 후생사업 나온 헌병상사 아저씨와
겨울이면 문경새재 산돼지 잡아 동네잔치 벌이던 15살
집 떠나 한양길 16살
계림극장 애수 영화보다 풍기 단속에 걸려
중부서 구경한

눈 감으면 떠오르는 어린 시절 그때 이야기

# 마침표


얼마 안 남았습니다

어두울수록 눈부신 별빛 내리는 밤
가까스로 말문을 열고
떨리는 손 모아 하늘 문
두들깁니다

영원에서 영원으로 숨 쉬는
님은 누구십니까
무슨 까닭으로 가녀린 생명 하나
바람 잘 날 없는 세상살이 한복판에서
꺾이지 않고 지금까지, 지켜주심은

뒤돌아보면 흠집 많은 궤적
잎만 무성하고 열매는 없는
입술과 육의 비늘

이젠 눈물도 땀도 말라버린
물기 마른 몸으로 더는 달릴 수 없어

얼마 남지 않았습니다

어둠을 태우는 서쪽 노을빛 구름 타고
처음도 끝도 오직 하나뿐
길을 만나 우주여행 꿈꿉니다

# 평설

## 지적 감성으로 빚어내는 서정의 가락
### - 서정원 시집 『시간을 훔치는 쪽문』

안재찬 (시인·한국문인협회 편집위원)

### 1. 머리글

문학은 마음의 거울을 닦는 일이다. 모든 것을 비우고 비움으로써 충만해지는 것이다. 화엄경은 "나무는 꽃을 버려야 열매를 맺고, 강물은 강을 버려야 바다에 이른다"고 했다. 문학의 본질은 모순의 진리다. 문학의 가치는 고통과 시련을 예술의 힘으로 치유함에 있다. 역사는 승자의 편이고 문학은 패자의 편에서 따뜻한 눈으로 관심을 두는 것이다.

시인은 희극보다는 비극을, 함께 보다는 혼자를, 만남보다는 작별을, 기쁨보다는 슬픔을, 전면 모습보다는 후면 모습을 중히 여긴다. 존재에 대한 성찰과 현실 삶 속에서 위기의식과 보다 나은 새로운 세상을 고뇌하며 부딪히는 것이다. 시인은 보편적 영원성을 지닌 진실을 증거 할 줄 알아야 한다. 작품 속에서 문명 비판적 비인간적 정서를 환기시켜 아름다운 공동체를 꿈꾼다.

서정원 시인의 두 번째 시집이 십 년 만에 세상 밖으로 나왔다. 긴긴 시간으로 녹여낸 작품집이기에 읽을거리가 많다. 양적으로나 질적으로나 성숙한 영혼의 모음임을 느낄 수 있다. 이번 시집의 작품세계는 대체로 5유형으로 분류된다. 첫째는 자연과 함께 살아가는 모습이고, 둘째는 사회상과 인간관계이다. 셋째는 가족사와 내면 풍경이고 넷째는 역사와 수양, 다섯째는 친지와 추억 향수 등으로 편집되었다.

서정원 시인은 관념보다는 경험을 중시한다. 소박하고 진솔한 시, 따뜻하고 정직한 시. 부조리한 현실 삶을 울음 우는 시대정신과 역사의식이 투영된 시가 공감을 불러일으킨다.

## 2. 물질숭배와 신의 격노

이슥한 밤
하늘 동편에서
아무런 기별 없이
누리엔 눈폭탄 눈대포
잠든 가축집을 무너뜨리고
세상을 홀랑 뒤집어놓은 습설
무게 못 견딘 비닐하우스 곡소리
동장군 갈기 휘날린 칼눈으로
온몸 떨게 한 비상 포고령
가슴속에 내리는 안개

시는 움트고 무슨
까닭으로 신은
격노하는가

— 시 「습설 포고령」 전문

    기후위기의 특징은 비정상성과 깊은 불확실성(deep uncertainty)에 있다. 별이 살지 않는 서울의 하늘은 별빛은 과거고 불빛은 현재다. 2024년 여름(7.21~8.23) 서울은 밤잠을 가슴앓이 한 34일간의 열대야를 체험했다. 기후 재앙의 임계치는 1.5도다. 기후변화는 평균 기온의 상승, 폭염과 혹한, 해수면 상승과 해류의 변동, 허리케인 등을 유발한다. 117년 만에 내린 눈(습설)은 한반도 대지를 공포의 도가니로 몰아넣었다. 습설은 습기가 많아 무게가 상당하다. 비닐하우스가 무너지고 아름드리 소나무가 쓰러지거나 반신불수가 되어 주어진 생명을 한순간에 망가뜨렸다. 농촌 들판에 자리 잡은 가축의 집이 파손되고 동식물은 생존을 몸부림친다. 지구를 못살게 구는 주범은 자본주의 생활양식과 사고방식이다. 생산과 소비로 수반되는 이윤 창출은 기본이다. 이런 유통과정으로 하여 온실가스는 상승하기 마련이다. 지구의 허파인 아마존 열대밀림이 제 얼굴을 지워버린 지 오래다. 단백질의 63%, 칼로리의 83%를 식물이 공급하는 사실을 한시라도 잊어서는 안 된다. 인간의 끊임없는 탐욕은 물질숭배와 맞닿아 있다. 자연파괴와 산업화시대에 손길을 뻗친다. 자연을 착취하고 훼손하는, 분별없는 행위로 삶의 질과 건강에 적신호가 켜져 부메랑으로 돌아온다. 몸

살을 앓고 있는 지구의 기후변화는 경제문제와 생존문제로 귀착된다. "무슨 까닭으로 신은 격노하는가" 습설 포고령은 하늘이 내린 참을 수 없는 분노의 표출이다. 지연 친화적 삶을 망가한 우매한 인간들에 대한 경고장이고 채찍이다. 포고령은 일시적으로 권리와 자유를 제한하는 비상조치로 무력을 동원한다. 필연적으로 피를 부르는 무사의 경전이다.

> 억새와 갈대가 바다를 이루고
> 두 손 마주 잡고 볼을 부비고 있는
> 사이사이 길목마다
> 추억을 사진기에 담는 도심의 웃음소리
> 높다란 풍력발전기
> 하늘 바람길 따라 돌아가고
> 익어가는 가을 내음 찾는 10월의 인파 너머로
> 한 귀퉁이 뿌리내린 울긋불긋 코스모스 군락지
> 된바람에도 꺾일 줄 모른다
> 꿈 많은 연분홍 소녀 춤사위에
> 억새와 갈대들 우수수 소리 내어
> 장단을 맞추고
> 70년대 쓰레기로 쌓아 올려진 산 아닌 산
> 희망의 오아시스로 새 세상 천년을 꿈꾸는
> 하늘공원

  - 시 「산 아닌 산」 전문

자연은 시인의 스승이다. 시공을 초월하고 생사를 초월하는 세계다. 시인은 기억의 우물에서 한 편의 시를 길어 올렸다. 시의 특징 중 이미지 표출은 중요하다. 이미지는 있는 그대로의 형상이 아니고 속에서 우러

나는 또 다른 하나의 형상이다. 같은 사물이라도 어떻게 표현하느냐에 따르는 형상화 솜씨에 의해 시적 완성도가 결정된다. 난지도(1978~1993)는 서울 시민이 버린 쓰레기 매립장이다. 해발 98미터. 약 1억 4천만 톤의 쓰레기가 매립된 서울 강서 쪽 월드컵 공원의 한 부분이다. 자본과 기술을 투입하여 조성한, 도심 속 산이 되어 하늘공원과 노을공원으로 우뚝 섰다. 2000년 11월부터 공원을 조성하고 2002년 5월에 완공, 2002년에는 월드컵을 개최한 바 있다. 가을이면 억새와 갈대가 시민을 불러들여 한마당 축제를 벌인다. 한강과 더불어 자연의 위대함을 유감없이 보여준다. 세계가 주목하는 산 아닌 산이 코리아 서울의 관광코스로 각광받아 위상을 한껏 높이고 있다.

선비의 길 심중에 품고
마드리드 광장에서 만난 새 구두
서울거리 한두 달 걸었을까
강남 뚝방길 한켠 일식당에서 허기 채우는 사이
현대판 놀부 한 사람 눈에 끌려가
태평양 건너 한 몸 이루어 놀다
한 달 지나 고국으로 돌아온 신발

입을 벌린 깔창으로 마드리드 흔적을 지워버린
시름에 젖은 얼굴 쳐다보는
신록이 눈부신 오월 어느 날
양재천 나들이에 구름 속 뛰쳐나온
비는 흩날리고 금세 빗물은 발가락 적시네
가슴에 검은 피 흐르는 사람
봄날 꽃향기 흠뻑 마시며
술잔 높이 들고 하늘 한번 땅 한번 쳐다보고

얼굴 떨구면 어떨까

술 취한 눈은 헌것은 보내고 새것만 품는

- 시 「바람난 구두」 전문

고요한 물은 깊이 흐르고, 깊은 물은 소리 나지 않는다(靜水流深 深水無聲).

선비의 몸가짐은 요란히 설치지 않는 고요함에 있다는 것을 가슴 깊이 간직하고 살아가는 시인의 이야기를 엮은 시편이다. 술 취한 눈은 '기회는 새와 같은 것이기에 날아가기 전에 잡아야' 한다고, 이를 행동으로 옮긴 듯싶다. 스페인의 수도인 마드리드 광장에서 시인은 구두 한 켤레를 관광기념으로 구매하고 귀국하여 십여 일 신었나 보다. 오월 어느 날, 강남에 소재한 큰 빌딩 1층에서 지인과 함께 일식을 끝내고 방 밖을 나왔는데 신발이 보이지 않는다. 식당 주인에게 증발된 신발을 설명하고, 다시 돌아오면 연락해 달라고 메모를 남겼다. 두고 간 신발은 수명을 다하여 밑창이 너덜거리는 사망 선고받은 낡은 구두다. 천신만고 끝에 한 달 만에 돌아온 마드리드 새 신발, 미국 출장 마칠 때까지 동행한 바람난 구두는 아무런 말 없이 원주인의 눈치만 살피고 있다. 살아 돌아온 그 자체만으로도 다행으로 여기고 이러쿵저러쿵 시비를 걸지 않았다. 양심에 철판을 깐, 새 신발을 슬쩍한, 순발력이 뛰어난 중년 신사에 시인은 주문한다. 가슴에 손을 얹고 하늘 한번 쳐다보면 어떨까를. 마드리드 신발은 연민의 눈으로 얼굴도 모르는 파렴치한 인간을 바라보며 물질적 정신적

보상을 그만둔 것은 잘한 일이지만 쓸쓸한 감정은 남아 있어 한참이나 지워지지 않았으리.

> 쪽잠은 언제나 월매를 호명한다
> 웅크린 잠자리 파고들 적에
> 남산골 불어오는 밤꽃 그 비릿한 냄새에
> 잠 못 드는 여자가 있었다
> 이태백이 놀던 저 둥근달 속
> 절구질하는 옥토끼 한 쌍 그림자 비추고
> 6월의 여름날 쓸쓸히 환자복을 입은 아내
> 우두커니 쳐다보는 눈에
> 둥둥 떠다니는 슈자의 향기 얼큰채
> 옛적 춘향이 시절 생각은 깊어지고
> 척추로 몸을 다친 생의 동반자
> 그늘 드리워진 병실에서
> 실없이 웃고 있다

— 시 「월매와 쪽잠」 전문

이 시는 마음의 근육을 키워 내는 시다. 병원 침대 아래서 쪽잠을 청하는 환자와 보호자(아내와 남편)의 하룻밤 동정 일지다. 쪽잠은 병실에서 주로 보호자가 입원환자를 돌보며 다리 쭉 뻗고 긴 잠을 잘 수 없는 불편한 토막잠을 일컫는다. 계절은 봄을 지나 여름철 문턱에 들어섰다. 홀어미들이 그리워하는 난자와 정자의 만남, 옛일을 생각하며 비릿한 밤꽃 냄새로 밤잠을 설친다. 아내는 척추를 다쳐 병원 신세 입장이다. 맘대로 걸을 수 없어 짜증은 날로 늘어나고 이따금 씩 자신의 보호에 소홀한 원망의 시선을 보내기도 할 터. 시인은 안갯속 난국을 고민하다 아득한 안갯속 옛날 그 여자라면 고난 속 행군이라도 쪽잠을 즐길 기회를 포착한다. 위기는 기회, 수소문 끝에 한동안 소식 두절인 월매아 쇼시가 닿아 그동안 시들었던 육신에 생기가 돈다. 월매와 달콤한 입술을 적시고 구속의 굴레를 벗을 동행을 촉구한다. 얼굴은 불콰하고 얼어붙은 마음이 봄눈 녹듯이 녹아내린다. 아내가 누워있는 병상이 숨막히는 사막이라면 월매와의 만남은 오아시스다. 월매는 춘향과 이 도령의 만남에 다리 역할을 하여 삭막함을 적시게 한 내력의 사람이다. 깊은 밤에 품을수록 가슴 뜨거워지는 동명이인의 한 병 술에 흥과 정이 넘친다. 간만에 여인을 품고 밤을 달구는 짝이 있어 고단함을 물리치고 그 쪽잠으로 '피로는 물러가라' 목울대 세운다.

떠나보냈다

감당할 수 없는 몸 척추전방전위증 때문에 눈 감고
귀 닫은 채 어쩔 수 없이
아내는 그렇게 바람 한 줄로 집을 지웠다
옷가지 몇 점만 보자기에 싸서 늘푸른요양원 차에
시들어가는 몸을 맡기고
내발산동 둥지를 떠난 2023년 1월 19일 19시

동에서 서로 남에서 북으로
생의 동반자 흔적을 찾아 어둠이 내린 거리를 헤맸다
낯선 사람들만 종종걸음이고
둥지를 찾는 차량 행렬의 긴 불빛만 밤을 밝힌다

폴더 휴대폰으로 다급하고 간절하게 띄우는 칠팔십

통의 목소리
나는 귀를 막고 눈을 감고 목석 같은 남편으로
다만 가슴으로 울며 울며
밤을 지새웠다

집안 곳곳 아내 그림자 어느 때쯤이야 시름겨운 흔적을
지울 수 있을까
주인 없는 안방 금방이라도 문을 열고 들어올 것만 같은
강 화 자! 내 반쪽
부디 그곳에서 그늘진 얼굴 지우고 오래 살았으면

빈 둥지 구석구석 당신의 발자취 남아 있어
오늘도 독거노인 슬픔에 젖어있는 반달로 이슥한 밤
꿈길 오가는 무정한 주름진 세월

- 시 「세 번째 별리」 전문

    이승훈은 '시란 위대한 소음'이라고 말했다. 노년의 삶에서 가장 큰 적은 외로움이다. 사랑은 이별이라는 시간이 닥쳐올 때까지는 깊이를 알지 못한다. 사랑에서 고통은 생각하게 만들고 지혜는 인생을 견딜 만한 것으로 만든다. 시인은 스스로 몸을 가누지 못하는 동반자의 중병으로 말미암아 온몸을 던진다. 간병사 노릇에 눈물 뿌리고 땀방울 뿌려 일상을 꾸려나가다가 드디어 일이 터지고 말았다. 척추전방전위증이란 병명을 얻고 번민의 날 장고 끝에 아내를 요양원으로 보낸다. 거처를 옮긴 아내는 집이 그리워 휴대폰을 열고 다급한 목소리로 -칠팔십 통- 남편을 호출한다. 남편은 '귀를 막고 눈을 감고' 목석으로 견뎌낸다. 하염없이 흘러내리는 눈물은 베갯머리를 흥건히 적시고 잠자리 시간

은 안절부절못한다. 주인 떠나간 안방은 적막이 메우고 시름에 젖은 그림자만 출입을 한다. 이윽고 남편은 독거노인 자격증을 취득하여 주민센터의 문안 인사를 받는다. 텅 빈 집안에 한숨 소리는 쌓이고, 울음 반 웃음 반 버무려 '빈 둥지 구석구석 발자취' 일기를 쓴다. 노을빛에 저물어가는 갑장의 별리가 생산하는 위대한 소음 배어있는 서정이 짙은 시 한 편에 가슴은 아리고.

## 3. 입은 재앙이 드나드는 문

물오른 한 송이 풀꽃
대지를 풋풋한 향기로 채우지만
고뇌를 걷는 젊음이
햇살 속에 목놓아 운다

그때 어디선가 날아든 돌덩이
난데없이 가슴 한켠 두들길 때

정기 어린 고을 어둠으로 덮이던
44년 전
총성으로 목숨 거두어 가고
살아남은 자들 군데군데 모여
먼 길 떠난 그대들 앞에 하늘도 울음을 섞고

겉 다르고 속 다른 민의의 사람들
너도나도 눈치싸움으로
영령들 눈살을 흐리우는 망월동 언덕

빛고을에 벙글은 개망초꽃 꽃술에

오롯이 아침 이슬 비친다

- 시 「물오른 울음」 전문

 시는 순수하고 자유로운 영혼의 빛이다. 속박에서 벗어나고 진실을 왜곡해서는 안 될 일. 공정과 정의와 객관성을 가슴속 품고 살아야 한다. 이성적 사고와 합리적 행동을 실천해야 시인으로서 확고한 지위를 누릴 수 있다. 작품 속에서 객체의 아픔을 주체의 아픔으로 승화시키는 것이 중요하다. 문학은 늘 그 시대적 상황에서 부대끼며 새로움에 대한 도전으로 창조의 길 들어선다. 이둠을 밝음으로 변화시켜 선운 많은 민중과 함께 호흡한다. 논어 '위정편'에서 "나와 다른 생각에 대해 공격한다면 손해가 될 뿐이다." 인격의 척도는 마음의 크기와 비례한다. 시대가 어려울수록 덧셈 뺄셈에 머리 굴리는 곡학아세류 사람보다는 우직한 사람이 절실하다. 분노와 좌절의 시대에서는 더욱 긴요하다.

 한강 작가가 수상한 노벨 작품상 중에서 『소년이 온다』는 대표작으로 꼽힌다. 광주 민주항쟁인 5.18을 다룬 것이다. 민주와 자유를 울부짖다 스러져간 권력 쟁취 야심에 불탄 군부 공권력에 광주는(1980년) 피바다가 되었다. 모든 울음은 슬픔에 뿌리를 둔다. 1979년 10월 26일 밤, 박정희는 김재규가 쏜 권총에 쓰러진다. 유신 시대는 막을 내리고, 그해 12월 12일 밤, 하나회 군인들 중심으로 군사반란을 일으켜 권력의 중심에 선다. 해가 바뀌어도 비상시국은 지속되고 재야와 대학생은 반민주와 반자유에 항거하고, 이에 맞서 신군부는 탄압을 노골화한다. 광주는 십 일간 핏빛으로 물들었다. 평등 시민으로 하나 된 광주는 자유를 외치다 바람에 떨어지는 낙화처럼 주검이 쌓이고 상무관은 통곡소리로 유족들 가슴을 쥐어뜯었다.

시인은 '모락이 뚝뚝 떨어지는' 오월을 소환하여 총칼에 목숨 거둔 망월동 영혼들에게 묵념을 올리며 피 묻은 불의의 역사를 반추한다.

2024년 12월 3일 오후 10시 23분
불火의 요일이 저물던 그때
얼근히 취한 불가사리 입에서
비상계엄 포고문 1호가 화면에서
불을 뿜어내고 있다

다 잡아들여
끌어내

군홧발이 여의도 전당을 습격하는 밤
정신을 놓은 권력의 입
밤을 입은 낯선 말이 오고 간 밤
어느새 날은 바뀌고
불은 물을 이길 수 없다

한바탕 전운이 걷히고
무장병은 평상으로 돌아갔다
하늘은 불과 물의 싸움을 지켜보며
'기후변화로 지구가 미쳐가나 보다'
어떻게 생각하느냐 고

살다가 살다가, 에이 모르겠다

— 시 「불과 물의 한마당」 전문

혀는 몸을 베는 칼이고, 입은 재앙이 드나드는 문이다. 위기는 본질을 드러낸다. 지도자의 됨됨이는 위기 상황에 어떻게 대처하는가를 보면 안다. 통치자는 인간에 대한 연민과 공감과 사회정의에 편견 없이 복무해야 나라가 바로 선다. 수신의 첫걸음은 자신의 객관화고 위선이 없는 정직한 성찰에서 시작된다. 니체는 "어떤 사상에 빠질 것이 아니라 여러 사상들을 적절하게 조정할 수 있는 지도자가 참 지도자"라 말했다. 무릇 길이 아니면 가지를 말고 오르지 못할 나무는 오르지 않는 것이 모두에게 이로운 것이다.

칼에도 눈이 있다. 계엄은 한순간에 민주주의 절차를 무력으로 멈추게 하는 비상수단이다. Is this Worthy(이것이 가치 있는 일인가). 2024년 12월 3일 밤! 우리의 삶이 송두리째 휩쓸려 갈뻔했던 토네이도 현장을 가슴 졸이며 바라보았다. 친위 쿠데타 실패로 The BUCK STOPS here (모든 건 내 책임)! 권좌가 위태하고, 949일 만에 대통령 직무 정지로 나라는 혼돈에 빠진다. 화요일 밤의 불길은 수요일 새벽 물길을 이길 수 없었다. 계엄 권력은 불이고 의회 민의는 물이다. 손바닥 王(왕)은 '짐이 곧 국가이다' 신념 속에 술과 무속, 유튜브에 심취하여 구름 위에서 살았다. 확증편향(confimation bias)과 망상이 불러들인 한판 승부 꿈길이 물거품 된다. 무정부 비상시국을 바라보는 시인의 눈은 수심이 가득하다. 정치철학자 해나 아렌트는 "생각하는 일보다 생각하지 않고 실행하는 게 더 쉽다. 그래서 악이 등장한다."고 말한다. 선한 의도가 꼭 선한 결과로 연결되지 않음은 동서고금의 불편한 진실이다. 권력은 모든 것을 정당화하려는 왜곡된 정치의

식으로 민주적 보편 상식을 허물어뜨린다. 상식은 나와 다른 사람을 이어주는 최소한의 사회규범이다. 관습을 조롱하고 도덕을 멸시하고 가치를 가볍게 여기는 사회에서는 일반적으로 통용되는 상식은 설 자리가 없다. 프로이트는 "입술이 침묵을 지켜도 손가락들이 꼼지락거리며 수다를 떤다"고 했다. 진실과 실체는 언젠가 밝혀진다는 의미다. 한밤중 뜬금없는 비상계엄선포와 곧이어 계엄해제 방망이 소리가 들리고 멀기만 하던 천당과 지옥의 거리가 기후변화처럼 변덕이 심하다. 종잡을 수 없다. 지구가 미치고 나라가 미치고! 달는 말은(살다가 살다가, 에이 모르겠다) 뼈가 없다.

시린 가슴 부여안고 잠들어 있다
소쩍새 울음소리 들려오던
옥 같은 물 졸졸 흐르는 그리운 풍경
밤이면 달님 별님 어울려 뛰놀던 생명의 땅
인적은 어데 가고
역사 한켠 '철마는 달리고 싶다' 팻말만
고독으로 서 있다
금강산 거쳐 원산 함흥 청진 라진
시베리아횡단철도로
내일을 꿈꾸며 녹슬고 구겨진 몸 바라보는
달빛에 젖은 나그네
먼 기적 소리에 귀를 세운다

— 시 「철마」 전문

朝花夕拾 이란 떨어진 꽃잎을 바로 쓸어내지 않고 꽃의 향기와 운치를 느끼며 저녁에 거둠이란 뜻이다. 사

랑, 그리움, 기다림, 이별 등은 가볍게 말하지 말라는 교훈적 사자성어다. 하나의 사건을 두고 경솔하게 내리는 판단이 몰고 오는 후유증은 인간관계에서 해악이 된다는 교훈성이 담긴 말 조화석습이다. 中庸은 유가의 중심사상이다. 어느 편으로도 치우치지 않고 알맞는 것이 중이다. 언제나 일정하고 바른 것이 용이다. 중은 인생길에서 필요한 올바른 도이고 용은 지켜야 할 원리다. 무턱대고 중간을 의미하는 게 아니고, 어떤 경우이건 그때그때 누구에게나 가장 알맞은 도리가 중이다. 언제 어디서나 존재하고 영원불변하는 것이 용이다.

 쏘쩍새는 밤에만 운다. 달과 더불어 별과 더불어 잊혀져 가는 '철마는 예처럼 달리고 싶다'고 생명의 낯을 슬피 운다. 휴전선 철조망 넘어 '원산에서 라진'지나 시베리아 벌판에 놓인 횡단철도의 길을 철마는 꿈꾼다. 철마는 감성적 접근보다는 이성적 접근으로 통일 조국을 그리고 싶은 것이다. 한국전쟁 후 남북이 갈라진 지 75년, 백두와 한라는 서로가 적대감을 내려놓고 점진적으로 평화의 다리를 놓아야 한다. 전쟁 모르는 한반도, 핏줄끼리 삿대질을 이제는 그만 접어두고 언젠가는 세계가 두려워하고 부러워하는 하나로 조국이 되어 당당히 서는 그날을 가슴 새겨 둘 일이다. 형아 아우야 우리 한강변 그리고 대동강변 살자. 모래는 은모래 빛 노래 부르며. 남북대치상황에서 긴장은 팽배하고 삶은 불안하고 불편하다. 너도나도 생각을 깊게 하여 평화를 그림 그리자. 조화석습과 중용은 삼팔선의 비애를 다시 돌이켜보게 하는 철마의 곡진한 몸짓이다.

논두렁 밭두렁
길가 보도블록 틈새
어디서나 둥지를 틀고 산다

눈길 주지 않는 땅에서 피어나
설움 많은 삶이지만
언제나 뜨거운 가슴으로
밟히고 으깨져도
다시 일어나
새 생명 품어 안고
산화하는

절망의 자리에서도
희망을 피워내는 꽃
민초의 길 하나

내 가슴에도
민들레 한 송이 피워내고 싶다

- 시 「민들레」 전문

  국화과 민들레는 황색꽃 다년초로 한국이 원산지다. 봄날 길가나 초원이나 전국 각지 어디서나 만날 수 있다. 밟아도 금세 일어나는 서민적 기질로 목숨이 모질고 질기다. 하얀 깃털을 단 씨앗은 바람기가 많아 비행을 즐긴다. 별명이 '앉은뱅이'고 흔히 민초로 비유된다. 여린 잎은 나물로 먹고, 뿌리는 해열과 소염과 이뇨 등에 약용으로 쓰인다. 민들레는 사람들의 눈길을 끌지 못하는 설움 많은 세월을 살아간다. 스러지고 으깨어지고 낮고 천한 땅 가리지 않고 시멘트 포장 틈새나 구석진 곳에 둥지를 틀어 주어진 환경에 순응하며 끈질긴 생명력을 이어간다. "절망에서 희망을 피워내는 꽃" 한 송이 가슴에 품고 살고 싶다는 시인의 서민적 민초적인 결연한 의지가 투영된 시다.

　텅 빈 가을
　찬바람 오고 가는 가지 사이

　불그스레한 얼굴
　누굴 기다리나

　까닭 까지 떼로 찾아옵 날
　기다리며 홍시 하나
　불을 밝히고 있다

　젖가슴 내어주며
　불러주던 어머니의 자장가 소리
　들려온다

- 시 「홍시」 전문

감나무는 '유년에서 성년으로 접어들어 철이 든 사람'으로 비유된다. 감나무는 일곱 가지 덕이 있는 나무로 알려져 있다. ①수명 ②그늘 ③새가 둥지를 틀지 않고 ④벌레가 생기지 않고 ⑤단풍이 아름답고 ⑥열매가 맛이 있고 ⑦낙엽은 좋은 거름이 된다. 또한 문 무 충 절 효라는 5절을 갖춘 나무다. 시인은 홍시를 어머니의 젖가슴에 비유하며 유년 시절의 자장가를 소환한다. "텅 빈 가을" "불그스레한 얼굴"로 까치 가족에게 한 끼 식사를 제공하는 말랑한 손길이 따스하고 부드럽다.

 시 쓰기는 고통이나 슬픔, 낮은 곳이나 어둠을 응시하는 위무와 소통수단이 된다. 가을은 비움의 계절이다. 아무것도 기다림이 없는 사람은 고사목과 다를 바 없다. 바람이 몰아쳐도 응답이 없기에 그렇다. 기다림은 삶의 활력소고 설렘과 두려움을 동시에 안겨주기도 한다. 똑같은 모래알은 없다. 시는 존재의 본질인 살아있는 생명을 찾는다. 통찰의 눈이 중시된다. 감나무 열매인 홍시에서 시인은 비움을 깨닫고 기다림을 깨닫고 구원의 손길을 깨닫는다. 팔십 고개 노인이 어릴 적 엄마 젖을 빨던 철없는 그 시절로 돌아가 '어머니의 자장가 소리'에 불면의 밤을 지운다. 여자에게서 사시사철 둥그런 젖가슴은 조물주의 움직이는 생명 예찬이고 언제나 목마른 노래 입술에 오르게 하는 최고의 작품이 아닐까 싶다.

 가로수마다 밥을 짓는 걸까
 뜨거운 김이
 모락모락 솟아오른다
 달디단 쌀밥 내음에 군침이 절로
 간밤에 이밥 꽃이 피었나 보다
 수명로 가로수길 가지마다
 고봉밥 차려놓고
 어서 이리 오너라
 배불리 먹으라고 손짓한다
 보릿고개 울며 넘던
 봄날의 유년 시절
 보리 밥솥 한 귀퉁이에 쌀밥 한 공기 앉혀놓고
 내 밥주발에만 담겨지던 새하얀 쌀밥

"아들아 오늘이 네 생일날이다"
어머니 목소리 풍산공원 무덤을 나와
주름진 귓전을 맴돈다

- 시 「쌀밥나무」 전문

  쌀밥나무는 이팝나무다. 흰꽃은 가난한 시절 밥알과 닮아 쌀밥으로 불린다. 흰 꽃이 일시에 활짝 피면 풍년이 들고, 꽃이 잘 피지 않으면 흉년을 예고한다고 알려진, 그런 까닭에 선조들은 신목으로 우러러보았다. 햇빛을 좋아하고 물기가 많은 비옥토에서 잘 자라며 5월에 꽃을 피운다. 석가는 보리수나무 아래서, 공자는 살구나무 아래서, 히포크라테스와 플라톤은 버즘나무 아래서 제자들을 가르쳤다. 서정원은 이팝나무 아래서 어머니의 무한 헌신과 자비를 배웠다. 콜리지는 "놀라운 감각은 문학가의 육체이고, 상상은 옷이고, 움직임은 생명"이라 했다. 역경은 사람을 부유하게 하지는 않지만 지혜롭게 한다. 보릿고개 울고 넘던 유년 시절의 봄날, 보리 밥솥 한 모퉁이에 한 공기 쌀밥을 앉혀놓고 아들 생일 밥상을 차려주던 어머니 목소리를 심연에서 꺼내어 듣는다. 수명로에 서 있는 쌀밥나무를 바라보며 무덤 속 시간을 뛰쳐나온 모정의 세월 그 시침 소리를 듣는다. "아들아 오늘이 네 생일이다" 자신의 몸속을 나온 하나뿐인 아들을 위해 모든 걸 던지는 어머니. 그 은혜는 태산 높이고 고봉밥만큼 높다랗다. 여자는 약하지만 어머니는 강하다. 시대를 초월하여 위대한 존재다. 나는 없고 가족만 생각하는, 까마득한 옛적 이야기가 그리움으로 다가와 시인의 가슴이 아리다.

## 4. 마침 글

 누구나 때가 되면 이승을 떠난다. 잘남도 못남도 공평하게 빈손으로 간다. 시인은 어떻게 생을 마감할 것인가에 방점을 찍고 번민을 한다. 시집의 마지막 작품은 「마침표」다. 품위 있는 죽음을 암시한 의미 있는 종언이지 싶다. 살아생전 희 로 애 락 애 오 욕. 칠정을 떠올리면서 과거와 현재를 돌이키며 경험을 바탕으로 한 존재증명인 두 번째 시의 집을 반듯하게 지어 놓았다.(이 지면은 작가론을 중시하고 있다.)

 서정원 시인은 어쩔 수 없는, 감당할 수 없는 동거로 하여 갑장인 아내를 요양원으로 보낸다. 태평양 날아 큰 무대 꿈꾸며 이역만리에 정착한 아들딸 손주와의 별리로, 나라가 문안 인사 올리는 독거노인 신분이 된다. 세월은 속절없이 흘러가고 홀로 집은 쓸쓸하고 외롭고 써늘하여 불면의 밤을 무시로 가슴에 품고 산다. 환경은 길을 만든다. 고독을 영의 양식으로 삼고 유일한 길동무인 시 짓기와 손잡고 곧잘 집을 나선다. 문화적 유적지에 관심을 두고 발로 쓰는 기행시에 심취하여 많은 시간을 투자한다.

 시인은 내성적 성격이라 말수가 적은 묵묵형이다. 자신의 일을 소리 없이 성실하게 수행하고 이타적인 삶을 살 줄 아는 이른바 '무실역행' 사람이다. 서정원의 삶의 철학은 無欲見眞이다. 탐욕이 없으면 진실을 볼 수 있다는 의미다. 사람 냄새가 나고 흙 냄새가 나는 인간미를 지향한다. 말은 어눌하지만 의를 알고 바름을 알아 글과 행동이 일치하는, 정도를 걷는 시인이다.

 라이너 마리아 릴케의 "시는 체험이다"를 머릿속 입

력하여 살아 꿈틀거리는 시 창작을 즐긴다. 서정원은 고향인 평택에서 중학교까지 마치고 어머니의 땀과 눈물로 서울로 유학, 안암골에서 학창 시절을 마감한다. 첫 직장인 공공기관에서 젊음을 불태우고, 한때 사업장에서 부대끼며 겪은 인간관계의 여적을 형상화하여 시적 무게를 더한 작품으로 잔잔한 울림을 주기도 한다. 서 시인은 물신을 숭배하는 사회에서 보편적 영원성을 지향한다. 시대적 감각으로 불의가 만연한, 이념 갈등이 선을 넘는 위태로운 사회에 대하여 고뇌하며 보다 나은 세상을 위한 현실 참여의 리얼리즘의 시, 내면에 침잠한 회귀본능과 존재 확인의 진솔함이 돋보이는 서정시가 눈길을 모은다. 역시적 생명력을 이어가는 문화유산의 정취와 현대적 지적 감성으로 빚어내는 유장한 서정의 가락은 운문의 바다에서 잔잔한 파문을 일으킨다.

서정원 신작시집

# 시간을 훔치는 쪽문

| | |
|---|---|
| 초판 인쇄 | 2025년 3월 11일 |
| 초판 발행 | 2025년 3월 11일 |
| | |
| 지은이 | 서정원 |
| 펴낸곳 | 도서출판 책나라 |
| 등 록 | 110-91-10104호(2004.1.14) |
| 주 소 | ㉾ 03377 서울시 은평구 녹번로 3가길 14, 라임하우스 1층 101호 |
| 전 화 | (02)389-0146~7 |
| 팩 스 | (02)289-0147 |
| 홈페이지 | http://cafe.daum.net/sinmunye |
| 이메일 | E-mail / sinmunye@hanmail.net |

값 15,000원

ⓒ 서정원, 2025
ISBN 979-11-92271-45-3

* 이 책 내용의 전부 또는 일부를 재사용하려면 저작권자와 도서출판 책나라 양측과 협의하여야 합니다.
* 저자와의 협의에 의하여 인지를 생략합니다.
* 파본은 구매 서점에서 교환하여 드립니다.